JN103377

日本アニメ史入門

すべてがわかる

Introduction to Japanese Animation History

1956-2021

アニメの旅人［編著］

彩流社

はじめに

「アニメ、このなんとも素敵で悩ましいもの」――1960年代以降に物心ついた日本人なら、多かれ少なかれ、誰もがその感覚にうなずくことだろう。

そう、アニメなんかなければ、いや、アニメがあったからこそ、良くも悪くも今の自分があることは間違いないからだ。「全ては本が教えてくれた」という言い方があるが、アニメと共に大人になった世代なら「全てはアニメが教えてくれた」と言い換えても十分当てはまる。ただ、そんなアニメたちも、最初からそれほどの影響力を持っていた訳ではなかった。

まずは『鉄腕アトム』から始まる、というのが、仲間内の定説になっている。もちろん、日本でのアニメの歴史はもっと長い。2017年が「ニッポン・アニメ100年」にあたるというから、白黒の「アトム」がブラウン管に登場した63年はすでにその後半に入っているし、フルカラーによる初の劇場アニメが公開されたのは「アトム」の5年も前のこと。ただ、歴史的事実は別として、この「心優しき科学の子」には、日本が一番良かったかもしれない時代に生まれた〝最良のなにか〟があり、そのときに「アトム」が灯《とも》したアニメの火は、間違いなく、直接、現在の「クール・ジャパン」にまで引き継がれている。

それぞれの時代にそれぞれのアニメ

本書の制作にあたり、我々は編年体と紀伝体を合わせた形を試みた。まあ、そんな面倒そうな言葉をうっちゃれば、要は時間的な流れと作品や出来事の両方を気にしながら、1冊に内容をまとめていったのだ。その結果、我々のアニメの時代を、大きく5期に分けることになった。

最初は、前史～黎明期として69年までの60年代を取り上げた。誰もが楽しめる劇場用映画から始まり、ビッグバンとなったテレビアニメ『鉄腕アトム』。そのSFヒーロー像は姿を変えて、子どもたちの憧れるさまざまなヒーローへと拡散していった。そして、ギャグ、魔法少女、バトルヒロイン、妖怪もの、そして熱血スポーツ、なんと大人のためのアニメまで……この10年間には、それからの日本アニメが描き出すほとんど全てがあった。もちろん、アニメ制作において試行錯誤の連続だったこの時期、作品的に荒削りや未熟さがあったことは否めないが、いずれにしても、この育ち盛りだったアニメには、なに一つとして将来への不安や不満の影など見られない。

それに続くのが70年代から80年代にまたがる勃興期だ。アニメの勢いは止まらない。作品にとって最大の供給源であった漫画の影響力がますます強まるなか、しかし一方では、アニメのオリジナル作品や独自の演出、表現の可能性を探る動きも現れてきた。ステレオタイプの主人公や物語の枠組みを打ち破る動きが出てきたのも注目される。そして、なによりも大きかったのは『宇宙戦艦ヤマト』の衝撃だ。「ヤマトよ、地球の人々は君の帰りを待っている。人類の絶滅まで、あとＸＸＸ日」、エンドロールのカウントダウンをさまざまな自分の残り時間に重ね合わせて聞いた人間は少なくない。アニメは多くの子どもたちの夢から日本人全ての夢へと変質していった。文字通りの「第1次アニメブーム」の到来だった。その先に来たのは『機動戦士ガンダム』と共に訪れた「第2次アニメブーム」。同時期には『風の谷のナウシカ』が世界と人間が共生する世界を届けてくれた。

そうしてやってきた90年代。あえて、アニメの最盛期＝黄金時代と我々は言う。世界のスタンダードだったディズニーアニメとは違った方法論で、それ以上に心を動かし記憶に刻み込まれる作品がとめどなく生み出され続けた時代。世界が日本アニメのなかに息づく秘密の虜《とりこ》となり、アニメ映像の持つさらなる可能性を追求したクリエーターたちが出現し、憂鬱《ゆううつ》と困惑という人間に欠かせない気分を、「謎」と共に届けてくれた『新世紀エヴァンゲリオン』が「第3次アニメブーム」を牽引《けんいん》した。すでにアニメが、生活に欠かせない栄養素の一つになっていることに誰もが気づいたのはこの世紀末だった。

21世紀の始まりを、暗い時代として経験しなければならなかったのが日本だった。かつての世界経済大国のメッキはボロボロに剥がれ、「失われたXX年」という諦念の闇に投げ込まれて行方を見失った我々の気分のまま、アニメも足踏みしていたように思う。しかし、そんなときに生まれたのが『千と千尋の神隠し』だった。日本映画界の記録を塗り替える大ヒットとなって国内に受け入れられ、世界に対してはクール・ジャパンの実体として大きな衝撃を与える。経済の自信を失った日本には、それでもアニメがあったのだ。しかもそこには多くの新たな可能性も芽生えて来ていた。

本書の最終章は、そんなアニメと希望の復活の物語となった。幼かったあの日にリアルタイムで心躍らせて観た作品に、今、大人になって接すれば、懐かしさと共に当時とは違った感動を味わうことになる。あるいは初めて観る作品なのに、既視感のような親しみに心の震えが止まらなくなってしまう。『かぐや姫の物語』や『この世界の片隅に』、そして『君の名は。』への思いはまさにそんな感覚だった。そして『劇場版「鬼滅の刃」無限列車編』がついに興行収入の記録を塗り替えた。我々の本が出るのは、まさにそんな再びの希望の時代なのだ。

●ここから始まるアニメへの旅

日本のアニメは日本の文化史そのもの。時代を追ってそれぞれの作品の背景や制作の逸話を知れば、そこには必ず新しい発見や映像の楽しみが増していく。本書を片手にそんなアニメの奥深い世界に触れてほしい。ただし、アニメが文化である以上、それぞれの人間にとって、とてつもなく大切な作品というのは千差万別。それでも限られたページ数のなかでは素晴らしいアニメの多くを捨てざるを得なかった。

個人的にも『シドニアの騎士』や「物語」シリーズ、『RED GARDEN』などをここで取り上げられなかったのはあまりにも悔しい。ただ嘆く必要などない。過去へ未来へ、まだまだアニメの旅は終わらないのだから。

アニメの旅人

すべてがわかる**日本アニメ史入門**1956-2021 目次

第5章 日本アニメの新時代 2010年代

※本文中に登場する人名については一部を除き敬称を略しています。
※本書で紹介しているアニメ作品について、物語の結末を記載しているものがありますのでご了承ください。※本書で取り上げたアニメ作品に関する記述は2021年8月現在のものです。

第1章

INTRODUCTION TO JAPANESE ANIMATION HISTORY

日本アニメの黎明期

1950年代~1960年代

01

戦後日本アニメの出発点はここから。カラー超大作『白蛇伝』の大きな望み

日本のアニメは「クール・ジャパン」として世界中から認められ、すでに日本を代表する文化の一つとなっている。２０１7年には、日本で最初のアニメが上映されてから１００年の年として、年間を通じてさまざまなイベントが行われた。

17年の１００年前といえば１９１7年、つまり大正6年のことだ。１８９６（明治29）年に日本初となる活動写真が上映されてから20年も経たないうちに、和製映画どころか和製アニメーションが相次いで3作も完成・上映されていたのだ。

その日本初のアニメとなったのは、17年1月公開の天然色活動写真（天活）の『凸坊新畫帖《でこぼうしんがちょう》 芋《いも》助猪狩《すけいのししがり》の巻《まき》』、次いで5月に日活の『猿蟹合戦』、6月には小林商会の『塙凹内名刀之巻《はなわへこないめいとうのまき》』、通称「なまくら刀」が続いた。このうち現存するのは「なまくら刀」だけだ（デジタル復元版として3バージョンが存在する）。古道具屋で買った刀の切れ味を試そうと辻斬りをもくろんだ侍が、狙った相手からさんざんな目に遭わされる悲喜劇が、ユーモアと皮肉たっぷりに描かれている。

それから40年余り、１９５８年にはカラー長編アニメ映画として日本で初となる『白蛇伝』が制作され、国内上映だけでなく国外への輸出作第1号となった。もともとは東宝が香港の映画会社と

共同制作した56年の『白夫人の妖恋』が国内外でヒットしたことから、東映に企画が持ち込まれたものだった。それを本格的アニメ映画として制作し、アニメ市場をほぼ独占していたディズニーの牙城を崩そうと考えたのが、東映の社長だった大川博である。それまでに例のない2時間規模のカラーアニメ映画の企画が動き出したが、当時の日本ではアニメ制作の会社は数も少なく、どれも小規模なところばかりで、業界最大手とされた日動映画でさえ社員二十数名で制作には高校の空き教室を利用するという状況だった。

そこで東映では、他の動画会社の吸収合併、短編アニメの制作、動画スタジオの建設とスタッフ養成を図るといったアニメ制作の体勢を数年がかりで構築、その集大成として長編アニメ映画を完成させるという計画を立てた。計画通り、56年に日動映画を社員ごと買収、57年には東京・東大泉の東映撮影所内に動画スタジオを完成させると本格的な制作を開始。２年の年月をかけて、58年10月22日に芸術祭参加作品として公開した。

演出・監督は、東宝教育映画部で短編アニメを制作していた藪下《やぶした》泰司が抜擢され、大工原《だいくはら》章と森康二が原画を担当、新人の動画担当アニメーター42人が参加。約7カ月の作画期間に1万6474枚の原画と6万5213枚の動画が費やされ、製作費は4047万1000円（当時）に上った。声の出演者は森繁久彌と宮城まり子で、彼らの台詞《せりふ》を劇作家の矢代静一が執筆している。さらに劇中人物の動きをトレースしてアニメ化する手法「ライブアクション」のために、水木襄《じょう》や松島トモ子、当時東映に入社したばかりの佐久間良子らが起用された。

構想から2年という時間を使い、一つひとつアニメ制作のシステムを組み立てながら制作した『白蛇伝』は、日本アニメの方向性を決した存在だということができる。それから60年以上、紆余《うよ》曲折を経ながら日本のアニメはやがてクール・ジャパンと称されるようになるのだが、『白蛇伝』はその起源となったのである。

「なまくら刀」から『白蛇伝』をつなぐ日本アニメの遺産

制作体制もないままに企画が動き出し、その時々で的確な対応を決断しながら作られ、日本アニメの本格的幕開けとなった『白蛇伝』だが、「なまくら刀」と『白蛇伝』の40年間をつなぐアニメ作品も存在している。

ただし、当初はほとんど家内制手工業ともいえる少人数工房で、「なまくら刀」と同様の数分程度の短編が制作されるだけだった。当時のもので現在も残る作品には、アヅマ映画社と朝日キネマによる『ノンキナトウサン 竜宮参り』(25年)があるが、30年代にセル画が使用されるまでは、アニメといえども切り絵によるものがほとんどだった。33年には日本初のトーキーアニメ『力と女の世の中』『ギャングと踊り子』、続いて『仇討からす』(34年)などが作られたものの、その後はアニメ映画といえばアメリカから輸入される作品が人気を呼ぶようになった。そんな状況が一変したのが太平洋戦争の開戦だった。

アメリカ映画が輸入禁止となる一方で、戦意高揚をもくろんだ国策アニメが制作された。例えば

「日本アニメ発祥の地」と知られる東京・練馬区。西武池袋線練馬駅には『白蛇伝』がデザインされた観光案内板が設置されている

海軍省提供の豊富な資金でセル画やアニメーターなどの人材を十分に用意して作られたものに、43年の『桃太郎の海鷲』や45年の『桃太郎 海の神兵』といった作品があり、とくに『桃太郎 海の神兵』は全編74分、日本初の長編アニメ映画となった。一方では、同時期に政岡憲三監督によるミュージカル仕立ての『くもとちゅうりっぷ』（43年）も作られ、その叙情的な出来栄えに、当時観客だった手塚治虫や松本零士がアニメ制作を志すきっかけとなったという。

そんな大正期から戦前戦中のアニメーターたちの仕事ぶりを継承したのが『白蛇伝』だった。その後、日本のアニメ制作は劇場映画とテレビアニメが担っていくことになるが、「東洋のディズニー」を目指し、『白蛇伝』に託した大川博の夢は、日本アニメが「世界アニメ」として成長していく端緒を開いたといっていいだろう。

02

アニメ大国・日本の礎となった『鉄腕アトム』の栄光とその呪縛

日本のアニメにとって最大のエポックメイキングであり、ある意味では間違いなくその原点といえるのが『鉄腕アトム』だ。そしてその最大の功績者はいうまでもなく手塚治虫に他ならない。アニメ版『アトム』は手塚の憧れから生まれた。小学生のとき初めて触れたディズニーの『ミッキーの突進列車』、そして中学生で観たアジア初の劇場用長編アニメ『西遊記 鉄扇公主の巻』に感動、終戦直前には『桃太郎 海の神兵』に感涙し、将来必ずアニメ映画を作ると決意したという。

1961年に創設した「手塚治虫プロダクション動画部」を「虫プロダクション」（虫プロ）として、自ら社長となった手塚はついに商業用アニメに踏み出す。制作・虫プロ、放送局・フジテレビ、スポンサー・明治製菓で、63年1月から66年12月まで全193話放送された『鉄腕アトム』は大ヒットとなった。50年代から光文社の漫画雑誌『少年』で連載されていた大人気ストーリーをもとに、連続テレビアニメとして1話30分・毎週放送というのは、もちろん日本で初めての試みだが、それ以上にこれまで世界にも例のない画期的なものだった。

制作当時に思い描いた21世紀の〝未来世界〟を舞台に、夢の原子力エネルギーで動き、人間と同じように喜び、思い悩む心を持った少年ロボット・アトムが主人公。天才科学者・天馬博士に亡くなった息子の代わりとして作られ、やがて天馬博士の親友・お茶の水博士のもとでロボットの家族を与えられ、人間の小学校に通い同級生たちと遊んだり仲たがいしたりという普通の子どもと同じ生活を送る。真面目で正義感が強く優しい心を持つ一方で、友だちとは違うロボットである自分に悩んだり葛藤する弱さも抱えている。

そんなアトムは身長135センチ、体重30キロの子どもの身体に、10万馬力の原子力モーターなど7つの力（どんな計算も1秒でこなす電子頭脳、60カ国語を話せる人工声帯、人間の1000倍も聞こえる聴力、サーチライトの目、足のジェット噴射、お尻から発射するマシンガン）を持ち、それを駆使して悪の組織やその手先のロボットと戦い、あるいは天災の被害から人々を救う。

初回の視聴率は27・4%を獲得。アトムはたちまちお茶の間のアイドルとなって、土曜日午後7

鉄腕アトム

科学技術の粋を集めて作られた高性能ロボット・アトム。人間社会で暮らしながら、アトムは優れた能力を駆使して、人々を危機から救っていく。さまざまな事件から、人間とロボットの共存を問いかける。

放送局：フジテレビ系／放送期間：1963年1月1日〜1966年12月31日・全193話／原作・総監督：手塚治虫／声優：清水マリ・勝田久・水垣洋子・小宮山清・矢島正明・横森久 他

『鉄腕アトム』Complete BOX1［DVD］
発売元：日本コロムビア／販売元：日本コロムビア／価格：本体15,715円（税込）
© 手塚プロダクション

時になると全国の子どもたちがテレビのチャンネルを『鉄腕アトム』に合わせるのが当たり前となる。最高視聴率はニールセン調べで40・7％（64年8月29日放送の第84話「イルカ文明」）という驚異的なものとなった。

その後の日本アニメの方向性を決定づけた『鉄腕アトム』

『鉄腕アトム』のヒットによって、テレビ業界、アニメ制作会社、スポンサーなどがこぞってテレビアニメ制作に乗り出す。放送スタートと同じ年の内に、30分枠には漫画が原作の『鉄人28号』に『エイトマン』、オリジナル作品『狼少年ケン』など4作品が登場、翌年には3作品、翌々年は11作品と盛況を見せる。また、『鉄腕アトム』はメディアミックスの先駆者ともなった。漫画のアニメ化という流れだけではなく、出版業界でも連載漫画を単行本にすることでヒットの相乗効果が現れた。そして、キャラクターグッズや版権によるロイヤリティという考え方の一般化も、本作から始まっている。

『鉄腕アトム』が生み出したのはそれだけではなかった。ディズニーのアニメ映画ではフルアニメという手法で1秒に24枚の原画を使い、リアルな動きを追求していた。一方、セル画の節約を目的とした2コマ撮りで1秒に12枚を使う「リミテッドアニメ手法」もあったが、それを手塚は1秒8枚の3コマ撮りとした。さらに登場人物の会話部分で口の動きだけを変えたり、同じような背景を何度も使い回すといった徹底的な省力化で、アトムの原画数はフルアニメの20分の1にまで削減された。これらの手法を引き継ぐことになる日本のアニメは、心理描写やクローズアップ効果、背景や空間描写への配慮といった独特の魅力を獲得することになる。またよく聞かれる「1話55万円」という製作費は、同業他社が決して追従できない価格設定を意識したもので、実質的にはその3倍程度だったという研究もある。ただし、それでも薄利多売で版権やキャラクターの利益で収支を合わせるという日本アニメ界の枠組みの原点がここにあったことは確かだろう。

虫プロは65年に『W3（ワンダースリー）』『ジャングル大帝』を加えた3本制作体制へと進んでいく。なかでも連続テレビアニメとして国産初のカラー作品となった『ジャングル大帝』の制作に傾注することで、「アトム第1期」はその役割を終えるが、その後も幾度となく続編が登場し、日本アニメのレジェンドとしての地位を保ち続けている。

ジャングル大帝

ジャングルの王として君臨していた白いライオン・パンジャの子として、囚われの船上で生まれたレオがアフリカ大陸にたどり着き、ジャングルの王子として、仲間たちのリーダーとして成長していく。

放送局：フジテレビ系／放送期間：1965年10月6日～1966年9月28日・全52話／原作：手塚治虫／チーフ・ディレクター：林重行／声優：太田淑子・松尾佳子・小池朝雄・新道乃里子・明石一 他

『ジャングル大帝』Complete BOX [DVD]
発売元：日本コロムビア／販売元：日本コロムビア／価格：本体15,715円（税込）
© 手塚プロダクション

03

テレビアニメ『狼少年ケン』が築いた再編集版・劇場用アニメ映画への道

日本アニメの黎明期、テレビアニメの道を開いた虫プロダクションに対して、劇場アニメで先陣を切ったのが東映動画（現・東映アニメーション）だった。ディズニーと同様に世界をマーケットとした長編アニメ制作を目指し『白蛇伝』を完成させた東映が、『鉄腕アトム』の成功を受けてテレビアニメに挑んだ作品が『狼少年ケン』であった。

熱帯ドガールのジャングルで暮らす動物たちのなかに、ただひとり人間の少年がいた。その名はケン、狼に育てられた〝2本足の狼〟だった。一緒に育った乳兄弟で双子の狼チッチ、ポッポと愉快に暮らすケンだったが、牙を持たないことで一人前の狼として認められないことに悩んでいた。海の彼方にある失われた都の守り神・白銀のライオンなら牙を授けてくれると聞いたケンは、ポッポと共に冒険の旅に出て、ついには牙の代わりのナイフを手に入れる。だが、故郷の村に帰ったケンたちを待っていたのは、平和に暮らすジャングルの動物たちを襲う乱暴者や人間の密猟者たちだった。〝牙〟を使いこなして森の平和を守るために立ち上げるケンの活躍が続く。

長編アニメを主軸にしていた東映動画には、テレビアニメ制作のノウハウがなかった。そこに登場したのが手塚治虫のアシスタントとしてスキルを身につけ、敏腕のアニメーターとなっていた月岡貞夫だった。『狼少年ケン』の企画は彼によるもので、自ら演出や原画まで担当する。しかし余りあるその才能を持ってしても、毎週1本、30分アニメを作り上げることはできなかった。結果的に1作ごとに作画チームを組んだローテーションの分業制を取り入れざるを得ず、結果的に担当者ごとにケンの作画が大きく違ってしまうことも起こった。雑然としたその仕上がりに耐えられなかったとされる月岡は、シーズン途中で会社を去っている。

一方で『狼少年ケン』の人気に陰りはなく、1963年12月に公開されたテレビ版の第2話と第3話をブローアップした再編集劇場版も大好評。60年代を通じて、テレビアニメや特撮番組を再編集した劇場映画公開への道筋を開いた。映画『狼少年ケン』は65年までに、限定上映を含めて延べ9回も上映されることになった。

狼少年ケン

ジャングルで暮らす狼に育てられた少年・ケン。“2本足の狼”と呼ばれるケンは、白銀ライオンから授かった「王者の剣」を牙代わりに、ジャングルでトラブルを引き起こす人間たちや、乱暴者の動物たち相手に自由奔放で爽快な大活劇を見せる。

放送局：NET テレビ（現・テレビ朝日）／放送期間：1963年11月25日～1965年8月16日・全86話／原作：大野寛夫（月岡貞夫）／キャラクターデザイン：月岡貞夫／声優：西本雄司・水垣洋子・田上和枝・八奈見乗児・内海賢二 他

『狼少年ケン』DVD-BOX 1 デジタルリマスター版［DVD］
発売元：ベストフィールド／販売元：TC エンタテイメント／価格：本体23,100 円（税込）
© 東映アニメーション

04 『オバケのQ太郎』が証明してみせたギャグアニメの可能性

今や定期刊行誌だけでも200を超える漫画雑誌が、一般的に認知されるようになったのは1960年代だった。当時の主流は少年雑誌と少女雑誌、59年創刊の『少年マガジン』（講談社）と『少年サンデー』（小学館）、62年の『少女フレンド』（講談社）、63年創刊の『マーガレット』（集英社）がその代表といえる。60年代後半から一気に盛り上がったテレビアニメ作品の供給元となったのはそんな各誌での連載漫画だった。漫画雑誌の人気ジャンルといえば、学園もの、スポ根、SFヒーロー、魔法ものなどだったが、ギャグ漫画もその一角を占めていた。

テレビアニメに登場したギャグ漫画の第1号となったのが、65年にTBS系で放送が始まった『オバケのQ太郎』だ。視聴率の低下が見えてきた『鉄腕アトム』以来のSFヒーローものに代わって登場したこの「オバQ」は、初回から視聴率30％以上を達成。スポンサーの不二家が発売したおまけ付きのオバQお菓子が大評判となったのをはじめ、主題歌がミリオンセラーとなり、翌年の第8回日本レコード大賞童謡賞を受賞する。「オバQ」とその関連商品の爆発的ヒットは、そのころ建て替えられた出版元・小学館の本社ビルが「オバQビル」と呼ばれるほどだった。

原作は藤子不二雄（当時）。どこにでもある一般家庭に住み着いた間の抜けたオバケ・Q太郎が引き起こす、いろいろな騒動を面白おかしく描いた生活ギャグ漫画だった。

このヒットをライバルたちが見逃すはずがなく、テレビアニメはギャグ作品の時代に入る。66年には「ナンセンスギャグの帝王」といわれた赤塚不二夫の『おそ松くん』の放送が始まり、腕白《わんぱく》し放題の6つ子・松野兄弟を中心としたドタバタ劇のギャグが大人気となる。原作はアメリカ映画『一ダースなら安くなる』から発想を得て、6つ子に加え、イヤミ、チビ太、ハタ坊、デカパンといった一癖も二癖もあるサブキャラクターたちも評判となった。

「オバQ」はその後3度にわたってアニメ化されるが、第1期の後番組は同じく藤子不二雄の『パーマン』(67年)、他にも69年の『ハクション大魔王』や『もーれつア太郎』などが続き、71年放送開始の『天才バカボン』へとつながるギャグアニメの流れが出来上がるのである。

おそ松くん

6つ子である松野兄弟やその周囲の人間たちが織りなすドタバタを描いたギャグアニメ。主題歌は作者の赤塚不二夫が手掛けており、2015年には赤塚の生誕80周年に合わせて、大人に成長した6つ子たちが活躍するテレビアニメ『おそ松さん』が制作され、再び大人気を博した。

放送局：毎日放送・NETテレビ(現・テレビ朝日)他／放送期間：第1作(1966年2月5日～1967年3月25日・全56話)／原作・監修：赤塚不二夫／監督：永沢詢／声優：加藤みどり・山本圭子・北浜晴子・東美枝・白石冬美 他

『おそ松くん』第1巻 赤塚不二夫生誕80周年／MBSアニメ テレビ放送50周年記念[DVD]
発売元：ハピネット・メディアマーケティング　販売元：ハピネット・メディアマーケティング／価格：本体3,080円(税込)
© 赤塚不二夫／毎日放送

05

女子の心をときめかした魔法少女たちとバトルヒロインの元祖『リボンの騎士』

魔法少女アニメといえば小中学生くらいの女の子が主人公で、科学では説明できない不思議な力といつもそばにいるマスコットキャラ、印象的なフレーズや口癖……などが特徴であることが多い。魔法少女は、初期には少女漫画雑誌の連載から誕生し、そのテレビアニメ版も女子たちの心を熱くさせた。

少女向けアニメの元祖ともいえる『魔法使いサリー』や『ひみつのアッコちゃん』もそれに当てはまる。1966年から放送された『魔法使いサリー』（原作・横山光輝）では、魔法の国の王女・サリーが人間界でよし子・すみれと仲良くなって定住し、魔法使いであることを隠しながら普通の生活を送って、どうしようもない事件や困難の時にだけ魔法の力を使う。魔女に付き物のホウキにまたがる飛行シーンや、魔法を使ってドタバタ劇を解決する様子には、当時アメリカで流行し日本でもヒットしたテレビドラマ『奥さまは魔女』の影響が見られる。魔法の呪文「マハリクマハリタ」はアニメ版オリジナルでオープニング曲の歌詞から生まれた。続く『ひみつのアッコちゃん』（原作・赤塚不二夫）がテレビに登場したのは69年。普通の少女・アッコ（加賀美あつ子）がひょんなことから、鏡の国の妖精になんでも望むものに変身できる魔法のコンパクトをもらい、トラブルを解決していく。原作でアッコがもらうのは大きな鏡だが、アニメ版では玩具化を前提にコンパクトに変更、商品化されたコンパクトが１５０万個の大ヒットとなり、少年アニメのロボットや武器などの玩具化と同じように十分商業展開が可能であるということを示した。

一方、少女アニメに別の方向性を提示したのが67年放送の『リボンの騎士』(原作・手塚治虫)だ。天使チンクのいたずらで男性の心を持って生まれ落ちたシルバーランドの姫・サファイアが、降りかかる困難を王子として解決していくというストーリーで、悪と戦う乙女を描く「バトルヒロイン」ものの元祖として、後の「セーラームーン」や「プリキュア」につながる。また、チンクがサファイアの心を女性に戻そうとして苦労するという設定は、「ジェンダーギャップ」や「性の多様性」への認識を深めつつある現代から見ても、大いに考えさせられる内容といえる。

魔法使いサリー

東映動画制作の魔法少女シリーズ第1作で、17話まではモノクロ、18話からカラー。人間界へやってきた魔法の国の王女・サリーは、ひょんなことから人間の女の子と出会い友だちになって人間界に移住する。サリーは人間界でのさまざまな出来事を通して、彼女たちと友情を育んでいく。

放送局：日本教育テレビ（1966年版）／放送期間：1966年12月5日～1968年12月30日・全109話／原作：横山光輝／脚本：雪室俊一 他／声優：平井道子・加藤みどり・山口奈々・千々松幸子・白石冬美・内海賢二 他　＊本作の続編となる1989年版も制作された。

『魔法使いサリー』DVD BOX［DVD］
発売元：東映アニメーション／販売元：ユニバーサルミュージック／価格：本体 79,420 円（税込）
© 光プロ・東映アニメーション

06 妖怪アニメブームの幕開けを告げる『ゲゲゲの鬼太郎』の多様な魅力

民話や昔話などに登場する不思議な力を持った妖怪や物の怪《もののけ》は、さまざまに形を変えながらアニメのモチーフとして重宝されてきた。その先駆けが1968年に放送が始まった『ゲゲゲの鬼太郎』だ。墓場から生まれてきた幽霊族末裔《まつえい》の少年・鬼太郎が父親の目玉おやじや半妖怪のねずみ男と共に人間と妖怪が共存できる世界を目指して、多種多様な妖怪たちと渡り合うストーリーだ。原作者の水木しげるが54年の紙芝居から描き始め、アニメから映画、小説やドラマ、ゲーム、ミュージカル作品など、60年以上もかけてメディアミックス化を遂げた。

66年にテレビドラマ化された『悪魔くん』の好評から、水木作品のアニメ化の企画が持ち上がり、原作者自身が推薦して実現したという話もある。鬼太郎のキャラクターは、原作の初期では関わる人間を不幸に陥れる奇怪で酷薄な存在だったが、アニメ化にあたって、穏やかで大人しい印象ながら心のなかでは強い正義感と情熱を持ち、困っている対象は人間であれ妖怪であれ放っておけない性格へと変わっている。

不思議なものや未知の力に惹《ひ》かれる子どもたちのなかにある〝怖いもの見たさ〟の好奇心も刺激して、「鬼太郎」は多くの支持を集めた。その結果、最初に放送された60年代に続いて、70年代〜

2010年代までの各年代ごとに新シリーズが放送され、各シリーズごとに新たなファンを獲得していく息の長い作品となっている。

また「鬼太郎」は作品そのもの以上に、妖怪アニメというジャンルの牽引役としての役割も担った。早くも同じ68年には『妖怪人間ベム』、69年の『どろろ』と、洋の東西を問わない妖怪アニメが登場し、その流れはもう一つのヒットシリーズとなった「魔法系」とも重なり、14年に社会的ムーブメントとなった『妖怪ウォッチ』へとつながっていく。

妖怪アニメは妖怪退治ばかりでなく、魔と触れ合う物語や妖怪との恋愛ものまで、多くのバリエーションがある。アニメだけでも6度にわたってシリーズ化された「鬼太郎」には、その全ての要素が織り込まれているのだ。

ゲゲゲの鬼太郎 第6シリーズ

21世紀も20年近くが経ち、人々が妖怪の存在を忘れた現代が舞台。科学では解明できない現象が頻発し大人たちは大混乱に陥る。そんな状況をなんとかしようと妖怪ポストに手紙を書いた13歳の少女・まな。カランコロンと下駄の音を響かせてゲゲゲの鬼太郎がやってくる……。

放送局：フジテレビ 他／放送期間：第6作（2018年4月1日～2020年3月29日・全97話）／原作：水木しげる／シリーズ構成：大野木寛／シリーズディレクター：小川孝治／キャラクターデザイン：清水空翔／制作：フジテレビ・読売広告社・東映アニメーション／声優：沢城みゆき・野沢雅子・古川登志夫 他

『ゲゲゲの鬼太郎』（第6作）DVD BOX1［DVD］
発売元：Happinet／販売元：Happinet／価格：本体12,320円（税込）
© 水木プロ・フジテレビ・東映アニメーション

07 スポ根アニメの金字塔を打ち立てた『巨人の星』と『アタックNo.1』

1964年の東京オリンピックを期に一般家庭へのカラーテレビの普及が加速、さらに68年のメキシコシティ五輪での日本人選手の活躍（金メダル獲得数は11でアメリカ、当時のソ連に続き世界3位）から72年のミュンヘン五輪への期待がいやが上にも高まっていた。時を同じく、65年から続いた読売巨人軍のV9はプロ野球人気を沸騰させ、テレビ各局は中継権争奪戦を繰り広げることになる。68年3月、梶原一騎原作による史上初のスポーツアニメ『巨人の星』の放送はまさにそんな時期にスタートした。

史上最強巨人軍のスター選手を目指し、かつて自らも巨人軍の選手だった父による幼児期からのスパルタ訓練に耐えて頑張る、星飛雄馬《ほしひゅうま》という主人公像が大きなインパクトを与えた。一家は長屋住まい、父の一徹は日雇い労働者として働き、大酒飲みで、激高してはちゃぶ台をひっくり返す（あまりにも有名なちゃぶ台返しだが、実はアニメのみの描写で原作漫画にはない）。こと野球に関しては文字通りの〝鬼〟の父による「火だるまボール」の千本ノックや、身体中にとんでもない威力のバネを巡らせた「大リーグ養成ギブス」など、現代なら間違いなく虐待とされるしごき特訓に根性でついていく飛雄馬（その姿を物陰から見守る姉の明子の姿も印象的）。今日ならツッコミどころ満載の描写も全て「男のど根性」に回収されてしまう、まさにスポ根ものである。

特訓によって必殺技が生み出されるというのは、後のスポ根ものにも受け継がれるスタイルといえるだろう。飛雄馬の魔球「大リーグボール」は振りかぶるにも足を上げるにも時間がやけにかかる大仰なもので、積もりに積もった思いを一連の投球のうちに全て吐き出すが、大リーグボールが1号、2号、3号とバージョンアップしていくなか、飛雄馬自身の成長も見ることができる。

飛雄馬の親友となる義理難く涙もろい伴宙太《ばんちゅうた》、長髪でオープンカーを乗り回す生涯のライバル・花形満《はながたみつる》、人の心を捨て野球ロボットを自称するオズマなど、どれも濃すぎるキャラに加え、長嶋茂雄、王貞治、川上哲治といった実在の選手や、実際に起こった事件などがストーリーに取り込まれているのも特徴だ。読売テレビで放映されたこともあり、現実の巨人軍の快進撃とも相まって高い人気を誇り、後年には『新・巨人の星』『新・巨人の星Ⅱ』と続編が放送された。

スポ根アニメの永遠のスタンダードとなった『巨人の星』。その人気は『新・巨人の星』『新・巨人の星Ⅱ』へと引き継がれた（写真は『アニメージュ』1987年7月号より）

そのインパクトは半世紀を経ても衰えず、パチンコやCMなどに今も登場するほどだ（テーマソングもいまだ子どもたちに認知度が高い）。21世紀に入っても花形満や星一徹をフィーチャーした特別編が放送された。だが作品としては時代特有の泥臭さは拭い切れず、また差別語をはじめ現代の感覚にそぐわない表現も多い。この後、野球アニメには温厚な主人公が個性的なチームメイトたちと甲子園を目指す『ドカベン』や、ギャグテイスト満載の『がんばれ!! タブチくん!!』などが続き、『巨人の星』終了から10年の時を経て、あだち充原作による恋愛も絡めたライト感覚に垢抜けた『ナイン』『タッチ』が大ブームを起こしメインストリームとなったため、逆に『巨人の星』は唯一無二の存在となったともいえる。

一方、少女向けのスポーツものの先駆けとしては『アタック№1』が挙げられる。東京オリンピック優勝の「東洋の魔女」が日本全国を沸かせた女子バレーボールを取り上げたストーリーだ。転校生として富士見学園にやってきた鮎原こずえがバレー部に乱入。チームに波乱を巻き起こしつつ、ライバルで親友の早川みどりたちとインターハイに出場、その後、実業団チームのヤシマに入団し、オールジャパンのメンバーに選ばれる（団体名は実在のものに似ているがフェイクの入った架空のものになっている）。回転レシーブや「木の葉落とし」といった必殺技を編み出し、インターハイのライバル・寺堂院高校の八木沢三姉妹の「三位一体攻撃」やソ連の天才少女・シェレーニナの「竜巻落とし」など敵の華麗な技を克服しながら、ついには世界選手権の舞台でMVPに選ばれる。まさに世界のナンバーワンになるまでを描く。

少女漫画家の原作でアニメ化作品第1号となった本作は、その絵柄もインパクトを与えた。ポニーテールに黄色いリボンが定番で、大きな瞳の中に星がキラキラ輝く鮎原こずえの表情はもちろん、早川みどりの巻き髪カチューシャなど、髪型やファッションも少女たちの憧れとなった。またスポ根一辺倒ではなく、コートの外では普通の女の子としての恋愛シーンも描かれた。

『アタック№１』は69年12月の放送スタート時からバレーボールブームを巻き起こし、全国の中学・高校で女子バレー部の人気が沸騰、放送局のフジテレビは高校バレーやワールドカップの中継を始めた。テーマソングは70万枚を売り上げ、曲中に出てくる台詞「だけど涙が出ちゃう　女の子だもん」の口真似をするのがはやった。劇場版も制作され『巨人の星』『ウルトラマン』と並んで「東宝チャンピオンまつり」で上映、日本での放映後は海外でも人気を博し、世代や国籍を問わずファンが多い。２０００年から12年までオリンピックに４回連続出場したイタリアのトップ選手フランチェスカ・ピッチニーニが、９歳のときに『アタック№１』を観てバレーボールを始めたことも有名だ。21世紀に入ってもなおドラマ・舞台化され、『巨人の星』同様、パチンコやＣＭにキャラクターが登場するなど息の長さは変わらない。

少年少女の心をわしづかみにした両作品だが、まだまだ大リーグが〝夢〟であったり、ソ連が謎めいた存在だったりする国際感覚や、コンピューターを秘密兵器的な存在として描くなどの時代的ギャップは否めない。ただ、努力によるサクセスストーリーや友情の描き方、さらに「必殺技」が登場するなど、いつの時代にもスポーツアニメに共通するドラマの根幹は、間違いなくこの２作によって築かれたものといえるだろう。

08
手塚治虫が目指した新たな地平。大人向けアニメ「アニメラマ」の蹉跌《さてつ》

かつて日本に「アニメラマ」というアニメジャンルがあった。「アニメ＋ドラマ」「アニメ＋シネラマ」「アニメ＋パノラマ」などの意味を持たせた造語だ。その意図したところは、大人も楽しめるアニメ作品。今でこそ当然のことと思われるかもしれないが、アニメラマが登場した1960年代終わりから70年代にかけては、それがアニメに関わる人間の悲願だったといえる。『鉄腕アトム』で市民権を得たとはいえ、「テレビマンガ」と呼ばれるアニメはしょせん子どもの娯楽でしかなかった。どれだけ夢中になっても大人になれば卒業してしまうもの、それが当然と考えられていた。そこに反旗を翻したのが、「漫画の神様」といわれた手塚治虫だった。

69年、虫プロダクション（虫プロ）は日本へラルド映画と提携して劇場用アニメ『千夜一夜物語』を制作。日本で初めての〝大人のための〟アニメ映画と銘打って説話集『千夜一夜物語』を大胆に翻案した、ひとりの冒険商人シンドバッドの恋あり、冒険あり、快楽ありの一大叙事詩だった。

巧緻なストーリーにエロチシズムを含ませた大衆娯楽作品となったが、映像的にもマルチプレーン・カメラを使った立体的で色彩豊かなスペクタクルシーンをはじめ、着色モノクロームや漫画を思わせる2次元的な構図、鉛筆画による動画の組み込みなど、シーンごとにテイストが異なる表現

を多用した。この斬新なスタイルが評判を呼び、興行的にも年間5位という成果を上げた。

しかし成功は続かなかった。次作の『クレオパトラ』では、『千夜一夜』からさらに大胆な恋愛描写を盛り込み、実写とアニメを融合させたり、未来人3人が歴史の真実に立ち会うという設定の意欲作だったが、前作ほどの興行収入を上げられなかった。公開された70年の年間成績も10位に後退している。そして、虫プロが手掛けたシリーズ3本目の劇場用アニメが、73年公開の『哀しみのベラドンナ』だった（なお、この時点で手塚はすでに虫プロを離れている）。前2作の娯楽性に代わり、文芸色を強調して耽美的エロチシズムにあふれた独自の画風は他に類を見ないものとなった。しかし、興行収入はわずか4000万円。本作は時代に受け入れられなかった問題作に終わり、虫プロは同年、倒産に追い込まれることとなってしまった。

哀しみのベラドンナ

教会と領主が支配する中世フランスの村で、ジャンとジャンヌの若い男女が結婚式を挙げる。村が飢饉（ききん）だったため、ジャンヌは悪魔に力を借り、貧しいながらもなんとか生計を立て、ジャンと幸せな生活を送っていた。しかし、その幸せは長くは続かなかった……。

配給：日本ヘラルド映画／公開：1973年6月30日／上映時間：110分／原作：ジュール・ミシュレ／監督：山本暎一／作画監督：杉井ギサブロー／声優：長山藍子・中山千夏・仲代達矢・高橋昌也・米倉斉加年・伊藤孝雄 他

『哀しみのベラドンナ』［DVD］
発売元：日本コロムビア／販売元：日本コロムビア／価格：本体5,170円（税込）
© 虫プロダクション

COLUMN

「ギャグ漫画の王様」赤塚不二夫が作ったもの、アニメ界に残したもの

日本の漫画史では手塚治虫を「漫画の神様」というが、もうひとり「ギャグ漫画の王様」といわれる男がいる。赤塚不二夫だ。当然のことながらその足跡はアニメ分野でも大きく、代表的なテレビアニメでは生誕80周年で復活した6つ子の後日談『おそ松さん』をはじめ、ギャグアニメといえば必ず出てくる人気作たちが息の長いシリーズとして並んでいる。

手塚を筆頭に、日本の漫画やアニメ初期を代表する漫画家たちの多くが西武池袋線東長崎駅近くの「トキワ荘」に住んでいたというのは有名な話だ。藤子不二雄（当時）、石森（現・石ノ森）章太郎、寺田ヒロオ、鈴木伸一、水野英子、山内ジョージなどの名前が挙がるが、そのひとりに赤塚もいた。ただし当時の赤塚は少女漫画作家でほとんど売れていなかったという。

しかし、トキワ荘にいたことから赤塚の運が開ける。

別の作家の穴埋めで頼まれた『ナマちゃんのにちよう日』が『漫画王』に連載となって少年漫画とのつながりができ、1962年には『おそ松くん』の執筆、同じく『ひみつのアッコちゃん』の連載が始まった。そして67年には数ある赤塚作品のなかでも一番の代表作とされる『天才バカボン』と『もーれつア太郎』の連載がス

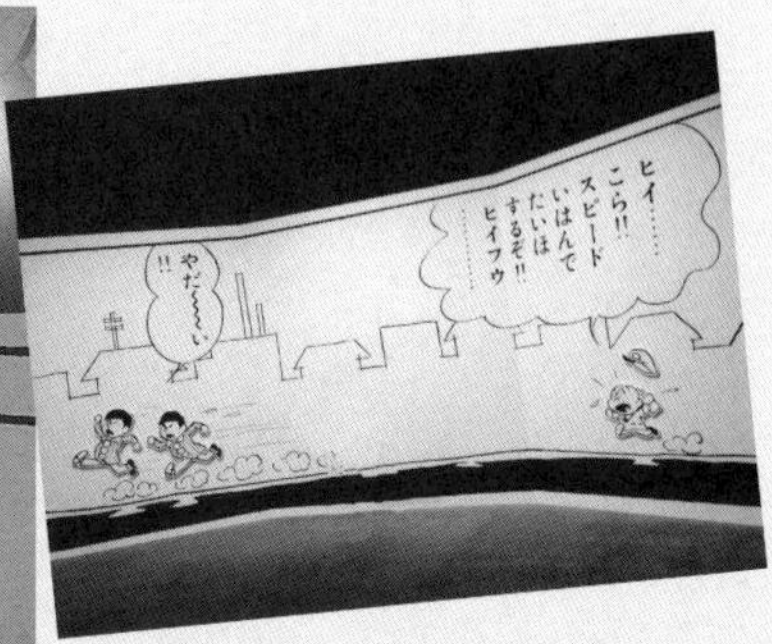

「ギャグ漫画の王様」の没後1年、「追悼赤塚不二夫展 ～ギャグで駆け抜けた72年～」が開催され多くの仲間たちやファンで賑わった（2009年８～9月 東京・銀座松屋）

タート。とにかくギャグに関しては、他の追随を許さない人気漫画家へと上り詰めた。

ギャグアニメ界を席巻する

そんな人気漫画家をテレビが見逃すはずはなかった。63年から放送が始まった『鉄腕アトム』でテレビアニメの時代が来たものの、ＳＦヒーローものが重なってしまい食傷気味になっていた。そこに、65年に登場した藤子不二雄の『オバケのＱ太郎』の成功で、ギャグがテレビアニメでも受けることが証明され、当然のように赤塚作品にオファーが集まったのである。

最初にアニメ化されたのは『おそ松くん』。66年の2月から放送が始まり、基本的には1回に2話を流す方式となって、主人公の６つ子だけでなく「シェー！」と奇声を発するイヤミやおでん好きのチビ太、ハタ坊などのサブキャラクターたちまで人気を呼ぶようになっていく。その成功が次の成功への呼び水となったかのように、69年には『ひみつのアッコちゃん』と『もーれつア太郎』、71年にはついに一番人気となる『天才バカボン』のテレビアニメがスタートした。

赤塚のアニメ代表作とされるこれら4作品はその後何度も再アニメ化され、それぞれの番組数は2010年までで「バカボン」が4度、「アッコちゃん」が2度、「おそ松」「ア太郎」がそれぞれ2度となっているのに加え、劇場版映画としても「東映まんがまつり」で「アッコちゃん」が4作品、「ア太郎」が2作品、「おそ松」が1作品、「東宝チャンピオンまつり」では「バカボン」が3作品上映された。

こうして「ギャグ漫画の王様」となった赤塚だが、そのギャグの本質はナンセンスな不条理さにある。

例えば最も人気があった『天才バカボン』などはそのタイトルに秘密が隠れていて、タイトル＝主人公という思い込みが裏切られる。この漫画の主人公はバカボンではなくバカボンのパパなのだ。しかもそんな大事に気づく暇もないほど、ストーリーにはギャグ、とくになんの意味もない不条理ギャグがあふれている。ダジャレやパロディ、下ネタ、風刺、そしてなによりもナンセンスのオンパレードがこれでもかというくらい続くのだ。また、他作品でも同様だが、主人公に決して負けていない魅力的なサブキャラたちの存在も忘れられない。さらに加えるならわずかばかりのペーソス、そのごった煮から生まれたのが赤塚ギャグだったのだ。

第2章

INTRODUCTION TO
JAPANESE ANIMATION HISTORY

日本アニメの勃興期

1970年代～
1980年代

09 『あしたのジョー』『エースをねらえ!』…アニメ表現の可能性を広げた出崎演出

1970年代に入り、テレビのカラー化が進み始めると、〝色彩〟を使えるようになったアニメでより斬新な演出効果を模索する表現者が現れた。70年に放送が始まった『あしたのジョー』や73年からの『エースをねらえ!』の出崎統《おさむ》である。登場人物の内面に迫るようなクローズアップや大胆な俯瞰、静止画の多用など、独自の映像文体を駆使して、ダイナミックな演出を行った。

高森朝雄(梶原一騎)原作・ちばてつや作画の『あしたのジョー』は『週刊少年マガジン』の連載開始当初から人気が高く、連載途中でアニメ化された。東京・山谷の簡易宿泊所に住む元ボクサー・丹下段平からボクシングの才能を見出される天涯孤独の少年・矢吹丈《やぶきじょう》が主人公。当初、段平に取り合わず犯罪に手を染めて少年鑑別所送りとなったジョーは、段平からのはがきをきっかけにボクシングを始め、そこで生涯のライバル・力石徹と運命の邂逅《かいこう》を果たす。出所後にプロボクサーとなったふたりの宿命の対決は、階級をジョーに合わせるための減量で幽霊のようになりながらも力石の勝利に。しかしその直後の急逝……原作漫画連載中の力石の死はファンに大きな衝撃を与え、歌人・劇作家の寺山修司の提案で実際の葬儀が行われるという前代未聞の状況となった。やがて世界を舞台に闘うようになったジョーは、世界王座をかけチャンピオンのホセ・メンドーサと対

東映アニメーションのスタジオがある、練馬区の大泉学園には『あしたのジョー』のブロンズ像が建てられている

戦。その果ての名台詞「燃えつきた…まっ白な灰に…」は現代に至るまで語り継がれている。

それまで当然だった努力や必殺技で勝ち抜いていくスポーツものと違い、人間の光と影の部分にまで踏み込んだドラマ性のあるストーリーが多くのファンを生み出した。テレビアニメ化に際し、この陰影を絵に落とし込んで演出したのがチーフ・ディレクターの出﨑統。従来のアニメにありがちだった漫画っぽさを払拭し、撮影技術で実写のような迫力を実現させるために、画期的な演出法やさまざまな画作りを生み出したのである。

出﨑にとって初の演出作である『あしたのジョー』は、真っ赤、真っ黄色になる画面で感情を表現したり、途中に静止画を挟んで人物を引き立たせたりといった斬新な演出で、観る者を驚かせた。ただし技術的にはまだ手さぐりの時期で、後に開花する「入射光」（画面外から光が降り注ぐ演出効果）はその原型が見られるにとどまっている。

虫プロダクション制作だった『あしたのジョー』は、80年の『あしたのジョー2』から東京ムービー新社（現・トムス・エンタテインメント）制作に代わり、演出・出﨑統、作画・杉野昭夫のコンビとなる。本作では、通常は背景とは別にセル画に描かれるキャラクターを、背景と同じ質感で描く静止画「ハーモニー」を多用。以後、出﨑演出の特徴となる重要人物や出来事を同じカメラワークで3回見せる「3回繰り返し」なども確立されていった。また出﨑演出の特色に、脚本の大胆なアレンジが挙げられる。原作にない台詞の挿入や脇役を物語の前面に出すなどが、アニメならではのオリジナルとしてファンを熱狂させた。

そんな出﨑にとって初の少女漫画を原作にしたのが、『エースをねらえ！』だった。『週刊マーガレット』連載当初から熱狂的な人気に支えられ、この漫画をきっかけにテニスを始める少女たちが急増したという。

美しい先輩・お蝶夫人（竜崎麗香）に憧れてテニス部に入部しただけの平凡な女子高生・岡ひろみが、鬼コーチの宗方《むなかた》仁による大抜擢で代表選手に選ばれ、汗と涙の猛特訓でエースを目指していく。そんなスポ根ドラマのなかには、クールにテニス哲学を実践する宗方と、優しくサポートする先輩・藤堂貴之の美形キャラふたりの間で揺れる乙女心も描かれ、視聴者の少女たちも宗方コーチ派・藤堂先輩派に分かれて議論が起こるほどだった。ひろみへの愛憎半ばする感情を持ちつつ、美しく高貴なお嬢様ぶりと華麗なプレーで魅せるお蝶夫人のキャラもインパクトを与え、ひろみの親友の愛川マキやアニメで一気に存在感の高まったペットのゴエモンといった脇を固めるキャラクターも万全だった。

本作における出﨑の手法で注目すべきは少女漫画テイストの導入であろう。スマッシュを決めるお蝶夫人は、あのボリューミーな縦ロールへアが美しく躍動し、時には蝶が飛び散る効果なども使われる。一方で表情には劇画風の陰影を施し青春の光と影を見事に表現した。画面を分割し二つ以上のものを同時に見せたり、逆に一つのものを違う角度から見せたりする「画面分割」の手法。オープニングテーマからキャラクターを引き立てるハーモニーの止め絵など、出﨑演出の定番となる手法はここで確立されていった。

『エースをねらえ！』はお蝶夫人との対決で終了しているが、第2作となる78年の『新・エースをねらえ！』はオリジナルストーリーもふんだんに取り入れ、宗方コーチの死までを描いている。さらには劇場版（79年）、OVA（オリジナル・ビデオ・アニメーション）シリーズ（88〜90年）といった続編も制作された。出﨑はその後、『ガンバの冒険』『元祖！天才バカボン』『まんが日本昔ばなし』『ベルサイユのばら』といった連続テレビアニメを手掛けたが、84年にアメリカに進出。ドルビー・ステレオ方式やCGを映像に活用する技術などを実地で学びつつ日米合作の作品を手掛ける。国内復帰第1弾となったのが『エースをねらえ！ 2』となったのは偶然ではないのかもしれない。スポーツものを人間ドラマにまで昇華させた出﨑の演出は、その後のアニメ表現の可能性を大いに広げるものになった。

10 タツノコプロが貫いたオリジナルアニメ制作へのこだわり

日本のテレビアニメはその初期、人気漫画をテレビ向けに動画化することが主流だった。そこにカンフル剤を打つかのごとく登場してきたのが、漫画家・吉田竜夫率いる竜の子プロダクション（現・タツノコプロ）である。マネージャーを務めた次弟の健二、さらに九里一平として漫画家デビューしていた末弟の豊治の吉田兄弟が代表権を持つ漫画プロダクションとして誕生。テレビアニメ作品第1弾として制作したのが1965年の『宇宙エース』である。当初は東映動画との共同制作予定だったものが紆余曲折の末、著作権配分で行き違いが生じタツノコプロ単独のオリジナル作品として誕生した。モノクロのSFコメディ作品で全52話。以後、フジテレビの土曜夕方枠はタツノコプロのオリジナル作品枠となった。

そして、72年から放送された『科学忍者隊ガッチャマン』がタツノコプロの存在感を世に知らしめる。大鷲の健、コンドルのジョー、白鳥のジュン、燕《つばくろ》の甚平、みみずくの竜ら科学忍者隊のメンバーが、地球征服を目論む「ギャラクター」が繰り出す鉄獣メカと戦うという王道パターンは戦隊ヒーローものとして人気を呼ぶ。一方で戦争や公害、肉親との愛憎といったシリアスなテーマも扱った本作は『II』『F』とシリーズ化され、90年代にはリメイク版OVA（オリジナル・ビデオ・

アニメーション）『GATCHAMAN』も制作された。

また『タイムボカン』（75年）に始まる「タイムボカンシリーズ」は、ギャグテイストをふんだんに盛り込んだタイムトラベル要素に、善玉キャラvs3人の悪玉キャラという構図を貫いている。本作はメカがもう一つの主人公と言っても過言でなく、虫の形を模したタイムマシンはプラモデルや超合金といった玩具としても展開され、子どもたちの垂涎《すいぜん》の的となった。『ヤッターマン』『ゼンダマン』『オタスケマン』『ヤットデタマン』『逆転イッパツマン』『イタダキマン』と、シリーズは83年まで続き、ヒロイン変身シーンのチラリズム的お色気要素や悪玉キャラがやられるときの髑髏《どくろ》マークの煙など、定番パターンをうまく踏襲しつつ展開していく。企画や脚本家を内部に抱え、一貫した制作体制とオリジナル作品にこだわったのがタツノコプロの持ち味だった。

科学忍者隊ガッチャマンⅡ

科学忍者隊と敵の新首領ゲルサドラの宿命が複雑に絡み合いながら展開する人気シリーズの続編。再度襲来した総裁Xによって復活したギャラクターに対し、奇跡的に復活を遂げたジョー率いる科学忍者隊が再び戦いを挑む。前シリーズからの人気は衰えず、第1話では25.9%という高視聴率を獲得した。

放送局：フジテレビ系／放送期間：1978年10月1日～1979年9月30日・全52話／原作：吉田竜夫／総監督：笹川ひろし／キャラクターデザイン：九里一平 他／メカニックデザイン：大河原邦男／声優：森功至・ささきいさお・杉山佳寿子・塩屋翼・兼本新吾・大平透・上田みゆき 他

想い出のアニメライブラリー 第93集『科学忍者隊ガッチャマンⅡ』[Blu-ray]（2枚組）
発売元：ベストフィールド／販売元：TC エンタテイメント／価格：本体30,800 円（税込）
© タツノコプロ

11　1970年代からの海外発注とプロダクション冬の時代の到来

世界中で認められるアニメ大国・日本で、現在1週間単位でどの程度の本数のテレビアニメが放送されているかご存知だろうか？　答えはおおよそ100本。なんと平均して毎日15本近いアニメが制作され、視聴者に届けられていることになる。

この大規模生産の仕組みは、日本型アニメが誕生した1956年から半世紀以上をかけて出来上がってきたもの。ただし、その初期から変わっていないのが海外への制作外注による分業制であることは有名な話だ。70年代にはすでに動画や彩色を韓国などへ発注。その後、台湾や中国などへと拡大していき、今日ではアジア全域で制作されるシステムへと成長した。その結果が現在のクオリティーを維持し、多数のアニメが中断もせず回っていくことになったといえる。

この仕組みのきっかけを作ったのは、漫画家であるばかりかアニメーターとしても卓越していた手塚治虫が61年に創設した虫プロダクション（虫プロ）である。

そもそもこの外注システムが本格的に始まったのは、63年に放送されたテレビアニメ『鉄腕アトム』。ここからテレビアニメ時代が幕を開け、大量生産の必要から外注体制が築かれたのだ。その後いくばくもしない67年からは海外への外注も始まることに。その最も早い例では、東映制作の

アニメブーム到来の裏で労働集約的なアニメーターの作業は厳しさを増した（写真はイメージ）

『黄金バッド』などが挙げられる。

70年代にかけてはカラーアニメの普及もあり、テレビアニメは大人気に。タツノコプロなどのプロダクションが生まれた。一方で作品数が増加したものの、アニメーターの数が不足。人件費が高騰する反面、制作費は頭打ちのままだった。その結果、各制作会社の経営は不安定さを増し、従業員の不満が高まると共に労働争議などが頻発。東映では72年、指名解雇が始まる。虫プロは73年の労働争議が解決しないまま倒産。タツノコプロも70年代の半ばに、賃金問題と社長の死去から70～80名に及ぶ有力な人材が流出してしまう。アニメブームの影で制作現場の疲弊が続いたのだ。また、今日までアニメ業界全体が低予算なのは、この時代の価格が標準となっているから。技術革新で仕事が変わるなかでも、アニメーターたちの労働環境は捨て置かれたままとなっている。

12

『マジンガーZ』から始まった70年代巨大ロボットアニメの系譜

人は大きさにロマンを感じる。日本のテレビアニメで最初に巨大ロボットが登場するのは1963年の『鉄人28号』だった。しかしこれはリモコン操縦器による文字通りの操り人形で、操縦者次第で正義の味方にも悪の手先にもなってしまう弱点と隣り合わせのヒーローだった。

それからしばらく姿を消していた巨大ロボットアニメが復活したのは72年のこと。漫画家の永井豪の「『鉄腕アトム』『鉄人28号』などとはまったく違う設定の作品を書いてみたい」という思いから、漫画連載とテレビアニメの制作が同時進行に近い形でスタートする。そうして出来上がったのが『マジンガーZ』だった。Dr.ヘル一味を倒すために主人公・兜《かぶと》甲児が操縦するマジンガーZは、甲児がホバーパイルダー(またはジェットパイルダー)に乗ってマジンガーZの頭部に合体(パイルダー・オン)することによって初めて起動する。このロボットとの合体要素が仕掛けとなった巨大ロボットアニメは瞬く間に大ヒットとなり、超合金仕様の関連玩具や主題歌レコードが飛ぶように売れた。とくにポピー(現・バンダイ)が発売した全長約60センチのロボット人形シリーズ「ジャンボマシンダー」第1号の「マジンガーZ」は50万体も売れ、アニメ商業展開のモデルケースとして、十分な結果を残すことになる。

『マジンガーZ』のヒットを受け、同じくポピーをスポンサーに迎え入れた新たな巨大ロボットが登場する。75年の『勇者ライディーン』である。その特徴はメカのデザインにあった。マジンガーZは西洋甲冑《かっちゅう》をイメージした地味なカラーリングだったが、それを踏襲した続編『グレートマジンガー』では人気が伸び悩んだ。そこで採用されたのがカラフルな日本の甲冑をベースとした真逆のデザイン。このように『勇者ライディーン』は、マジンガー・マーケティングの弱点を徹底的に研究・対策を施して制作された。さらに二枚目の主人公・ひびき洸《あきら》や、美男子であることを仮面で隠くす悪役シャーキンの登場により、男性ファンをターゲットにした巨大ロボットアニメでありながら多くの女性ファンの獲得にも成功することとなる。

監督を務めたのは1~26話までを富野喜幸《よしゆき》(現・由悠季)、27~50話が長浜忠夫だった。共に巨大ロボットアニメの代表的監督で、富野は『機動戦士ガンダム』、長浜は「長浜ロマンロボシリーズ」と呼ばれる東映の巨大ロボットアニメの総監督を務めた。日本を代表するロボットアニメの巨匠ふたりが同じ作品に携わったことで、それぞれがその後の作品作りに影響を受けたことは間違いない。事実、「ガンダムシリーズ」の敵役・シャアの名はシャーキンにあやかっているという説もある。

ところで、早い時期から巨大ロボットアニメの醍醐味《だいごみ》ともなっていた合体・変形はいつから始まったのだろうか。その起源は74年の『ゲッターロボ』に求められるだろう。イーグル号・ジャガー号・ベアー号の3機が組み合わさってゲッターロボになるが、組み合わせによって空中用のゲッター1、地上用のゲッター2、水中用のゲッター3の3種類に変形するのも魅力的だ。現在は複数のロボが合体して一つの形になるのはすでに常識化している。その原型を創造した原作者の永井豪・石川賢のアイデア、イマジネーションから生まれた種子は大きく見事に成長したといえる。

また、巨大ロボットアニメ作品を紐解《ひも》くうえで、当時の日本の特撮ドラマについても少し触れておいた方がいいだろう。

66年、円谷プロダクション制作の特撮ドラマ『ウルトラマン』がTBS系で放送を開始した。ビルの高さを超す巨大なウルトラマンと怪獣が戦う様子は子どもたちを熱狂させ、巨大怪獣・ヒーローもの＝円谷プロと認識されるようになった。その後制作した『ジャンボーグA』(73年)には、『ザ・ガードマン』や『マジンガーZ』の山浦弘靖《ひろやす》が脚本で参加。主人公・立花ナオキが授かったセスナ機・ジャンセスナが「ジャンファイト！」の掛け声で宇宙サイボーグ・ジャンボーグAに変形して戦うという、円谷プロで数少ない巨大ロボット要素を取り入れた作品となった。

71年、東映はバッタをモチーフにしたヒーロー・仮面ライダーを世に送り出した。企画当初は『ウルトラマン』のように巨大ヒーローにする案もあったが、原作の石森（現・石ノ森）章太郎が等身大にこだわり、逆にそれが差別化につながって、「ウルトラシリーズ」を追い越すほどの人気・長寿シリーズとなり、映画やオリジナルビデオ、漫画、小説、ゲームソフト、演劇にまで拡大、テレビ番組を超えたメディアミックス展開へとつながった。

東映はアニメでの巨大ロボット作品に成功した後、78年の特撮ドラマ『スパイダーマン』で日本版独自の巨大ロボ・レオパルドンや、翌79年の、「スーパー戦隊シリーズ」3作目『バトルフィーバーJ』でシリーズ初の戦闘用巨大ロボットを登場させている。以降、同シリーズでの巨大ロボ戦はストーリー展開上の大きな見せ場として、1話ごとのクライマックスを飾る重要な役割を果たすようになった。

国民総中流時代、「カラーテレビ」「クーラー」「クルマ（カー）」の「3C」が「三種の神器」とされた高度経済成長期の60年代を過ぎ、70年代は2度のオイルショックをきっかけとするエネルギー革命や光化学スモッグなどのケミカル公害なども重なり、成長の踊り場が明らかになった。将来にわずかな陰りを感じ始めた時代に、巨大ロボが描く未来は新たに開発される科学技術がかなえる大きなロマンとして、アニメの形を借りた夢の具現化だったのかもしれない。

マジンガーZ

世界征服の野望を抱く悪の天才科学者・Dr.ヘルによってロボット科学者の祖父を暗殺された主人公・兜甲児。彼は祖父が完成させたスーパーロボット・マジンガーZに搭乗して仲間たちと共にDr.ヘルの機械獣軍団に立ち向かう。

放送局：フジテレビ系／放送期間：1972年12月3日～1974年9月1日・全92話／原作：永井豪とダイナミックプロ／キャラクターデザイン：羽根章悦・森下圭介／作画監督：羽根章悦・落合正宗 他／主題歌：水木一郎／声優：石丸博也・松島トモ子・柴田秀勝 他

『マジンガーZ』Blu-ray BOX VOL.1（初回生産限定）[Blu-ray]
発売元：東映アニメーション・東映ビデオ／販売元：東映／価格：本体：27,500円（税込）

13 きら星のごとく才能が集結した世界名作劇場『アルプスの少女ハイジ』

1969年10月5日、フジテレビ系の「カルピスこども劇場」(後に「世界名作劇場」)で『ムーミン』(第1期)が放映された。これが日本アニメーションの制作によって93年3月まで続き、総タイトル約36作品にも及んだ人気シリーズのスタートだった(オフィシャルには75年の『フランダースの犬』を第1作とするものもある)。

そのコンセプトは、世界で親しまれてきた童話や小説をベースに、ファミリー向けアニメとして脚色し、1月から12月までの1年間で放映するというものだった。

とくに『アルプスの少女ハイジ』『フランダースの犬』『あらいぐまラスカル』は、子どもたちを中心に圧倒的な支持を受け、スピンオフ作品やキャラクター展開などを通じて知名度が拡大し、その人気は現在まで続くほど。毎週日曜の19時30分からの本放映は、一般家庭での週末の定番番組となり、このシリーズを通じて多くの子どもたちがアニメの魅力に目覚めた。

世界を舞台にした夢の広がるストーリーの多様さと共に、忘れてはならないのはきら星のスタッフたち。「世界名作劇場」作品の多くを、やがて日本のアニメ界を席巻する代表的クリエーターたちが作り上げていたという事実だ。例えば『アルプスの少女ハイジ』では、演出が高畑勲、場面設定・画面構成に宮崎駿、小田部《こたべ》羊一がキャラクターデザイン・作画監督。『母をたずねて三千里』は同じく高畑勲や宮崎駿と小田部羊一に加えて、脚本を深沢一夫が担当。『赤毛のアン』の演出は高畑勲、15話までの場面設定は宮崎駿、キャラクターデザインに近藤喜文など。他にもスタッフクレジットには、誰もが知っている名前がいくらでも並んでいる。

20年以上も続いた名シリーズだけに逸話も多い。なかでも有名なのは『アルプスの少女ハイジ』の制作にあたり高畑が、実写ではなくアニメならではのリアルな日常描写を実現するために、宮崎と小田部、プロデューサーの中島順三の4人でスイスのチューリッヒをはじめドイツのフランクフルトなどへ飛び、直接、風景や地形、生活や習慣、建物や道具などに接するロケハンを行ったことだろう。日本アニメならではの描写の〝深み〟、その原点はこの逸話からも十分納得できる。

アルプスの少女ハイジ

1歳で両親を亡くし、5歳まで叔母であるデーテに育てられたハイジ。デーテの仕事の都合でアルムの山小屋にひとりで住む祖父に預けられてからは、大自然の中で祖父との暮らしを通して、さまざまなことを知り、学び、健やかに育っていった。しかし、8歳になるころ、ハイジの暮らしは一変することになるのだった。

放送局：フジテレビ系／放送期間：1974年1月6日〜1974年12月29日・全52話／原作：ヨハンナ・スピリ／シリーズ構成：松木功／演出：高畑勲／場面設定・画面構成：宮崎駿／キャラクターデザイン：小田部羊一 他／声優：杉山佳寿子・宮内幸平・中西妙子・小原乃梨子・吉田理保子 他

『アルプスの少女ハイジ』Blu-ray メモリアルボックス［Blu-ray］
発売元：バンダイナムコアーツ／販売元：バンダイナムコアーツ／価格：本体 39,600 円（税込）
©ZUIYO

14

著作権問題で封印された大ヒットアニメ『キャンディ♡キャンディ』の行方

「そばかすなんて気にしないわ」「ハナペチャだってお気に入り」のオープニングで始まる『キャンディ♡キャンディ』は、孤児院育ちの主人公・キャンディがさまざまな苦難を乗り越えて成長していく物語。世界中にファンを持つ人気作だが、著作権を巡る2度のトラブルに見舞われている。

最初は1978年7月に起こった通称「偽Tシャツ事件」。キャンディの絵を無断でTシャツにプリントし販売していた業者を、アニメ制作元の東映動画（現・東映アニメーション）が刑事告訴。本来の製造元であるべき許諾業者が許可を受けていない別の業者に生産委託したことが発端だった。裁判で争点になったのは「東映動画に著作権はあるか?」という点だった。原作漫画を管理する講談社が東映動画への「原作使用権・商品化権を一任」を表明したが、法律上、原作のある作品のアニメは二次著作物という扱いになるからだ。

翌年、大阪地裁が下した判決は「『キャンディ・キャンディ』なる女の子のキャラクターの『産の親』が原作漫画であるとすれば、本件映画はその『育ての親』ともいうべきものであり／それぞれ独自の創作性を認めるべきである」（一部略）とした。原作がある作品のアニメ化も知的財産として、法的に保護されるべきコンテンツであると認められたのである。

しかし、〝独自の創作性〟がさらに重要な事態を生み、結果的に全作品が絶版となってしまった。原作・水木杏子と作画・いがらしゆみこ間の著作権訴訟である。95年、いがらしと日本アニメーション間でアニメのリメイク版企画が浮上した際、講談社に委託していた著作権管理契約を解除したことが発端だった。このとき「営利目的の二次使用や商品化などには原作・作画双方の合意が必要」とあったにもかかわらず、いがらしが「絵やイラストの著作権は自分にある」として商用利用を断行したことが問題となったのだった。最高裁までもつれた末の判決は２００１年10月に「水木が手掛ける小説形式の原稿を原著作物とし、いがらしが描く漫画は二次著作物である」と下された。いがらしの描くキャンディの絵を使用するには水木の許諾が必要となる一方で、第三者が原作をもとに新たな作品を作る場合は水木の許諾のみで良しとする内容となったのである。

判決後にいがらしが発表したＨＰ上の声明文は、「この先原作、シナリオ等をつけて漫画を制作される漫画家の方は、自分が産み出したキャラクター絵を、自分の自由に描くことさえできない立場になってしまうことを、十分覚悟の上でお仕事をなさって下さい」。これを受けた水木は、単行本版元の講談社と文庫版版元の中央公論社と契約解除を行い、同作は絶版となった。

アニメ版に関しては原作・作画両者とも「申し出があれば再公開を許諾する」と公言しているが、東映アニメーションが難色を示している。韓国での不正アニメの放送や台湾製の海賊版ＤＶＤ拡散との関わりも噂《うわさ》されるなか、世界中で愛された『キャンディ♡キャンディ』のストーリーやアニメは、今では誰の手にも届かないものとなってしまった。

15

『宇宙戦艦ヤマト』発進! 社会現象となった新しいアニメの世界

1977年8月6日、東京で公開された1本のアニメ映画がちょっとした騒動を巻き起こしてニュース等に取り上げられた。渋谷の二つの映画館では、多くの若者や子どもたちが初日公開記念のセル画プレゼント目当てに長蛇の列をなして並んだという。『宇宙戦艦ヤマト(劇場版)』である。

その3年前、74年に『宇宙戦艦ヤマト』はテレビアニメとして日本アニメ史上初の本格SF作品として放送された。企画・原案に西崎義展《よしのぶ》、監督・設定デザインに松本零士、構成に舛田利雄、山本暎一、脚本に藤川桂介、演出を石黒昇、SF設定は豊田有恒《ありつね》という布陣を組んだ作品であった。

当時のアニメ番組といえば子ども向けに1話完結の分かりやすい展開のものが多かったのに対し、地球の滅亡を救うため巨大な敵と戦いながらはるか銀河の果てを目指すというロードムービー的な構成や、ヒーローである古代進とヒロイン・森雪の恋愛要素と波動砲やワープなどSF的でメカニカルな描写など、壮大な世界観を抱えたものであった。ただし、初放送当時は同時間帯の「カルピスこども劇場」の代表作『アルプスの少女ハイジ』や円谷プロの『猿の軍団』などの影響もあって、視聴率7%ほどと低迷していた。

ところが翌年からの再放送によって大逆転が始まる。「面白い」という口コミから私設ファンクラブが設立され、アメリカでは再編集された『SPACE CRUISER YAMATO』も上映され反響を呼んだ。アニメにフォーカスしたサブカルチャー誌の『月刊OUT』は、創刊2号で60ページものヤマト特集を組んで話題となった。

そのような環境下で、満を持して公開された劇場版は、冒頭に述べた社会現象となるほどの熱狂をもって迎えられた。

2199年、謎の異星人国家・ガミラス帝国からの攻撃で放射能に汚染され滅亡の危機に瀕《ひん》していた地球に、イスカンダル星より放射能除去装置提供のメッセージが届く。地球滅亡まであと1年という限られた時間のなか、ワープ可能な波動エンジンを搭載する宇宙戦艦ヤマトが14万8000光年彼方の目的地を目指す。乗員は沖田十三《じゅうぞう》艦長率いる古代進、島大介、森雪らの若いクルーたち。ガミラスの総統デスラーによる執拗《しつよう》な攻撃に応戦しつつ、お互いに犠牲を出しながらリミットは迫る。ようやくイスカンダルにたどり着いたが、地球への帰路のさなかに森雪や沖田艦長が命を落とす。それでも古代は入手した放射能除去装置を持ち帰り、青い地球を取り戻す。

美しい宇宙を背景にした壮大なスペースロマンだが、ヤマトの艦内の人間関係にも微妙な葛藤がある。例えば古代進は、兄の守を冥王星会戦から生きて連れて帰ってくれなかった沖田艦長に忸怩《じくじ》たる思いを抱き、また思いを寄せる森雪にストレートな好意を示す親友の島大介には愛憎半ばする感情を持つ。主人公たちの屈折した感情には死の影も濃くにじみ出ている。明るく楽しい側面を描く子ども向けアニメに親しんできた視聴者は衝撃を受けただけでなく、その深い魅力に引き込まれたのだ。アニメは子どものもの、という常識を覆し、青年層や大人が観ても面白いものだという価値観が広まり、作品の人気だけにとどまらず、関連出版物のミリオンセラー、テーマソングのレコードも40万枚超を売り上げる大ブームへとつながった。

メカニック面の設定も考え抜かれた。ヤマトは日本海軍の超弩《ど》級戦艦「大和」をベースに、イスカンダル星から届いた設計画をもとに作製した波動エンジンを搭載。波動砲、ショックカノン、パルスレーザー砲などを装備する。ヤマト本体は宇宙空間を移動するための戦艦型艦船であるが、それらの装備を古代進が動かすという意味では、後の『機動戦士ガンダム』や『新世紀エヴァンゲリオン』といった、等身大の主人公がロボットなどに搭乗して戦うという戦闘ものロボットアニメの系譜に先行すると考えられる。とくに「ガンダム」の富野由悠季や「エヴァンゲリオン」の庵野《あんの》秀明には大きな影響を与え、組織における人間関係等の描き方へと確実に受け継がれていく。

「ヤマト」はその後も世界観をさらに広げる劇場版や続編、リメイク作品が数多く制作された。『さらば宇宙戦艦ヤマト 愛の戦士たち』（78年劇場版）、『宇宙戦艦ヤマト2』（78年テレビアニメ）、『宇宙戦艦ヤマト 新たなる旅立ち』（79年テレビスペシャル・81年劇場公開）、『ヤマトよ永遠に』（80年劇場版）、『宇宙戦艦ヤマトⅢ』（80年テレビアニメ）、『宇宙戦艦ヤマト 完結編』（83年劇場版）、『宇宙戦艦ヤマト 復活篇』（２００９年劇場版）、『宇宙戦艦ヤマト２１９９』（13年テレビアニメ）、『宇宙戦艦ヤマト２１９９ 星巡る方舟』（14年劇場版）、『宇宙戦艦ヤマト２２０２ 愛の戦士たち』

（18年テレビアニメ）、『宇宙戦艦ヤマト２２０５ 新たなる旅立ち』（21年劇場版）などだが、10年には木村拓哉主演の実写版も制作されている。

第１次アニメブームのきっかけとなり、その後の日本のアニメ史にさまざまな影響を与えた『ヤマト』だが、それはサブカルチャーの枠にとどまらず、日本の文化全体にまで波久していった。例えば文芸評論家の吉本隆明はその評論のなかで『さらば宇宙戦艦ヤマト』を映画のベスト１に挙げ、美術批評家のアライ＝ヒロユキが『ヤマトと70年代ニッポン』という時代論や作品のディテールを分析した力作を著した。そして同じく文芸評論家の斎藤美奈子は『紅一点論』のなかで、「ガンダム」や「エヴァンゲリオン」と比較しながら、作中の女性像について分析している。「ヤマト」は〝日本〟を語るうえでも格好なテキストとなっていったのだ。

宇宙戦艦ヤマト 劇場版

異星人国家・ガミラスの攻撃を受ける西暦2199年の地球。人類は放射能から逃れるため地下都市へ。絶対的危機のなか、イスカンダルから救いのメッセージと宇宙船の設計図が届く。放射能除去装置を受け取るため、宇宙戦艦ヤマトは14万8000光年の旅路へと発進するのだった。

配給：東映／公開：1977年8月6日／上映時間：145分／企画・原案・製作・総指揮：西﨑義展／監督：舛田利雄／声優：納谷悟朗・富山敬・仲村秀生・一龍斎春水・永井一郎 他

『宇宙戦艦ヤマト』劇場版［Blu-ray］Blu-ray発売中
発売元：バンダイナムコアーツ／販売元：バンダイナムコアーツ　価格：本体 7,700 円（税込）
© 東北新社／著作総監修 西﨑彰司

16 サブカルチャーの一翼を担ったアニメ専門誌『アニメージュ』創刊

今や「クール・ジャパン」の代表として世界的にも高く評価される日本のアニメ。だが一昔前まではその信奉者は「オタク」などと呼ばれ、社会になじめない存在のように考えられていたこともある。しかしそんな風潮は一変。はやりのアニメを知らないと、バカにされることもあるそうだ。

そんなアニメの一般化、いやサブカルチャー代表への成長に大きな役割を果たしたのは、多くのアニメ専門誌だった。その最古参ともいえる『アニメージュ』が創刊されたのは1978年。愛称の「メージュ」（略称・AM）はアニメファンならずとも耳にしたことがあるだろう。

幼年向けのテレビ情報誌『テレビランド』を発行していた徳間書店が、増刊号として『ロマンアルバム 宇宙戦艦ヤマト』を発売。これが40万部のヒットとなり、日本初の月刊アニメ雑誌創刊の決め手となったのである。

発刊時の定価は580円とやや高めに設定されたが、創刊号は瞬く間に7万部を完売、25万部まで増刷するヒットとなった。これを皮切りに80年代は、アニメ雑誌創刊ラッシュの時代となる。81年『アニメディア』（学研プラス*）、85年には『月刊ニュータイプ』（KADOKAWA）が創刊。この2誌に『アニメージュ』を合わせ、「アニメ雑誌御三家」と呼ばれた。他にも多くの雑誌創刊が続くがアニメブーム期に淘汰《とうた》が繰り返され、現在では3誌の寡占状態となっている。

これらのアニメ雑誌の隆盛から生まれたのが「日本アニメ大賞」。『アニメディア』などの5アニメ誌が共同して主催、83年の第1回から89年の第7回まで開催され、手塚治虫をはじめとする業界関係者による審査によって、第1回の大賞は『幻魔対戦』、第2回『風の谷のナウシカ』などと時代を彩る名作を顕彰した。表彰式は「日本アニメフェスティバル」内で行われ、他に声優や歌手などのイベントも実施された。

なお79年から「アニメグランプリ」を主催していた『アニメージュ』は「日本アニメ大賞」には参加しなかった。ただしこちらは審査方式が異なり、読者投票制をベースにグランプリを選ぶというもので、アニメを愛するファンと作り手の二者による作品評価が競われることになった。日本アニメ大賞側にはアニメグランプリとの統合意向があったともいうが、実現することなく第7回を最後に終了。日本が世界に発信する新文化・アニメーションのクオリティー急向上の芽はここにもあった。

日本初のアニメ専門誌『アニメージュ』創刊号。当初『別冊テレビランド』のブランドで刊行され、2020年2月号で創刊500号を達成した

＊学研プラス：現在は編集・発行がイード、発売が学研プラス。

17 ロボットアニメの新たな夜明け。ジュブナイルアニメ『機動戦士ガンダム』

世代論に「ガンダム世代」という言葉がある。1957〜67年生まれで『機動戦士ガンダム』を少年期に見て、80年代に社会に出た世代のことを指す。実際、そのように世代全体を表す言葉になるほど、「ガンダム」は間違いなく従来のロボットアニメとはまったく異なった存在だった。

79年4月にテレビ放送が開始された「ガンダム」は、内向的な民間人の少年・アムロが偶然にも父親が開発した新型モビルスーツ・ガンダムに乗り込み、地球の運命を左右する戦いに身を投じるところから始まる。地球連邦軍に所属することになったアムロを待っていたのは、連邦政府に独立戦争を挑んだジオン公国と宿敵となる「赤い彗星《すいせい》」の異名を持つシャア・アズナブル、そしてジオン軍が差し向ける数々のモビルスーツとの死闘だった。本作で制作のサンライズが目指したのは「リアル志向」だった。

まずはモビルスーツについて。従来のロボットアニメとは異なり、「ガンダムシリーズ」ではモビルスーツそのものが兵器であり、機種によって「量産型」「旧式」などのバリエーションが存在する。ロボットはもはや神格化されたオンリーワンではなく、消費される工業製品という位置づけに変わったのだ。兵器についても同じ。例えばモビルスーツが携行するマシンガンやバズーカには装填や弾切れがあり、ある種のファンタジーを有していた従来のロボットアニメのマシンテクノロジーとは程遠い〝現実味〟にあふれている。また、地球を舞台にしたシーンでは実在する地名が登場し、場所によっては地球連邦軍が拠点を構えていたり、戦闘の舞台になったりしているため、現実の世界と照らし合わせながら作品を楽しむこともできた。

そんなリアリティーはストーリーにも現れている。アムロは類い稀《まれ》なモビルスーツの操縦センスを持っているものの、ガンダムと共に乗り込んだ連邦軍の戦艦「ホワイトベース」のなかでは未熟者扱いされる。それ故に上司と衝突したり、周囲に迷惑をかけたりする姿は、シャアの名台詞にある通り「自分自身の、若さ故の過ちというもの」で表現できるだろう。

「早く大人の仲間入りしたい」と背伸びする子どもが、実際に大人の社会に放り込まれたらどうなるか。アムロの揺れ動く様は、年功序列・縦割り社会が絶対だった当時の日本社会を生きる子どもたちに、希望よりも処世術の手本を見せてくれた。事実、ガンダム世代が理不尽な縦割り社会に耐え、上司の求めに応じて実社会で戦う姿は、その下の「ゆとり・さとり世代」あるいは「ミレニアル世代」などとカテゴライズされる若者たちには理解し難い、と分析する専門家も少なくない。

ただ「ガンダムシリーズ」は、令和になってもなお新シリーズやリメイク作品が制作され続けている。アムロも登場するシリーズの劇場アニメ最新作『機動戦士ガンダム 閃光のハサウェイ』が2021年7月現在で興行収入18億円を突破するヒットとなるなど、決して「ガンダム」が若い世代から忌避されているとは考えにくい。むしろ、自分の力ではどうすることもできない理不尽だらけの現代だからこそ、視聴者・観客が作中の登場人物に感情移入し、共感が生まれやすくなっているのではないだろうか。

そしてまた「ガンダム」は国内外のクリエイターにも大きな影響を与えている。『新世紀エヴァンゲリオン』の庵野秀明監督をはじめとするアニメクリエイターはいうまでもなく、巨大ロボットが登場する怪獣映画『パシフィック・リム』のギレルモ・デル・トロ監督などもファンであることを公言するなど、その種子は今日に至るまで広く根を伸ばしてきたといえるだろう。

ところで、このようなリアル思考のロボットアニメは「リアルロボット」と分類され、「ガンダム」以降も『超時空要塞マクロス』(82年)、『装甲騎兵ボトムズ』(83年)などが制作され人気を博した。一部には『宇宙戦艦ヤマト』をリアル系の起源と捉える向きもあるが、デスラーやスターシャら異星人が登場するSF要素が前面に出た「ヤマト」にはない、ロボットのバトルシーンを背景に、互いの「正義」を主張し国家同士が争う構図こそが〝リアル〟といえた。

リアルロボット系のアニメに共通していえることはメカニックデザインが緻密であることだ。砂埃と硝煙が漂う世界観が特徴的な「ガンダムシリーズ」と『装甲騎兵ボトムズ』を担当した大河原邦男、アイドルやラブコメ要素を盛り込んだ『超時空要塞マクロス』を担当した宮武一貴のふたりはメカニックデザインを職業として確立させた草分け的存在である。

両者は共に戦後間もなくに生まれた世代で、幼いころから軍艦や巨大構造物に触れてきたという。大河原は自宅近くの米軍基地で進駐軍の姿をよく見ていたと語っているし、宮武は横須賀港の

2001年6月に「ガンダム」の専門誌『ガンダムエース』が創刊。季刊の第1号(2001年6月号)は最終的に25万部を発行し、03年4月から月刊誌となった

波止場で木造船を写生したり、小学1年生のときには自衛艦「はたかぜ」に試乗したという。幼少期に見聞きしたものが、フィクションでありながらリアルで巨大なメカニックデザインのイマジネーションにつながっているようだ。ちなみに『マジンガーZ』や『ゲッターロボ』など、未知の物質や現実では再現できない超技術、神秘性などにもとづくファンタジー的要素の強いロボットアニメは「スーパーロボット」と呼称されている。

対照的ともいえるこの2ジャンルのクロスオーバー的作品として制作されたゲーム『スーパーロボット大戦』は、91年から30年以上も継続する人気シリーズとして知られる。昭和の記憶が残る時代から令和の最新作まで、さまざまな巨大ロボットアニメがコラボレーションして人々を楽しませている。「ガンダム」が生んだロボットアニメのロマンが変わらず息づいている証左であろう。

18 松本零士の作品世界を彩ったキャラクターたちとその世界観

1970年代後半から80年代にかけて、SFアニメ作品の一大ブームを牽引した松本零士原作の作品群には共通する「世界観」が刻印されている。これはテレビアニメ『宇宙戦艦ヤマト』から派生した劇場版の社会現象化によってSFアニメの下地ができていたところに、『宇宙海賊キャプテンハーロック』や『銀河鉄道999』などのヒット作が続いたことで明らかになる。

当時、アニメの受け手のボリュームゾーンだったのはいわゆる団塊ジュニア世代、70年代前半生まれの子どもたちであったから、アニメ作品は少年少女を主人公にした可愛らしさ、幼さを強調したキャラクターが主流だった。松本作品の主人公たちは、そんなアニメキャラクターに慣れていた視聴者に、ちょっと大人っぽく映り（古代進・森雪は推定18歳、キャプテン・ハーロック推定28歳、メーテル年齢不詳）、それが宇宙の神秘や松本独自のメカ・マシンのギミック性と共に憧れ的な要素を伴って受け入れられたのだといえよう。とくに女性キャラクターの長いまつ毛の切長の目やバストラインを強調した色っぽいプロポーションなどは、従来の漫画やアニメにないもので、描けるアニメーターがおらず、『宇宙戦艦ヤマト』の森雪やスターシャは原作・総設定デザインの松本自身が描かねばならなかったというエピソードさえあった。

そんな松本作品の最大の特徴は、共通のキャラクターがいくつもの作品に股がって登場することで、壮大な世界観を感じさせるところにあった。

例えば『銀河鉄道999』にはハーロックや『クイーンエメラルダス』のエメラルダスが登場する。またハーロックの親友の大山トチローは松本の初期の作品『男おいどん』の大山昇太《のぼった》の子孫であるとされている。このように縦軸・横軸において複雑に絡み合った世界観を背景に作品群を生み出したのが松本零士だった。「スピンオフ」という言葉が一般的になる前に、ある作品の派生的な展開として、世界観を同じくする別作品がテレビ、劇場版としてどんどんストーリーが広がり展開していくことに多くのファンが魅せられたのだといえるだろう。松本零士の作家性は新しく、豊かでアニメ作品の新たな方向性を指し示すものになった。

銀河鉄道999

最高視聴率22.8%を記録しSFアニメブームを巻き起こした名作。身体を機械に変えて不死を手に入れられる時代。そんな時代にもそのための財力を持たない貧しい人々はいた。そんななか、一つの噂が流れる。銀河鉄道999に乗れば、タダで機械の身体をもらえる星に行けるというのだ。

放送局：フジテレビ系／放送期間：1978年9月14日〜1981年3月26日（＋TV スペシャル）・全113話（＋TV スペシャル3話）／原作：松本零士／総作画監督：湖川滋（1〜63話・74〜88話）・小松原一男（64〜73話）／キャラクター設計：荒木伸吾（初期数話のみ）・湖川滋（友謙）／声優：野沢雅子・池田昌子・肝付兼太・坪井章子・田中崇 他

『銀河鉄道999』［Blu-ray］
発売元：東映アニメーション・東映ビデオ／販売元：東映／価格：本体 5,500 円（税込）

19

アニメ業界に宮崎ブランドの種をまいた『ルパン三世 カリオストロの城』の強度

「奴はとんでもないものを盗んでいきました。あなたの心です」――印象的なこの台詞は、多くのアニメファンにとっておなじみの有名な一節だ。そのシーンは1979年公開の長編アニメ映画『ルパン三世 カリオストロの城』の終焉《しゅうえん》近く、ルパンを取り逃がした銭形警部が物語のヒロイン・クラリスに向けたもの。

もはや日本アニメの古典ともいえるこの作品は、巧妙な偽札作りによって、世界経済を支配してきたカリオストロ公国が舞台。そこでルパンと彼の一味が、公国の実権を握ったカリオストロ伯爵から政略結婚を迫られている亡き大公の忘れ形見クラリスを守って活躍する冒険活劇である。

劇場版「ルパン三世シリーズ」としては第2作にあたり、やがてアニメ界の巨匠となる宮崎駿の劇場映画初監督作品としても知られている。ただし、当初の興行収入は6億円余りと前作（『ルパンvs複製人間』）に及ばず製作費をどうにか上回る程度となった。これには公開当時のアニメ映画界が『宇宙戦艦ヤマト』や『銀河鉄道999』など、SF作品の全盛期だったことも影響してのことであろう。大きな注目を集めるのは幾度ものテレビでの再放送や各種上映会への貸し出しなどを通じて、多くの観客の目に触れるようになった80年代に入ってからのことだった。

一方で、「カリオストロの城」が日本アニメという文化、そして日本のアニメ業界に及ぼした影響ははるかに大きい。今日では当たり前となった海外の日本アニメファンたちの多くが、感動した作品として「カリオストロの城」を挙げ、原作者のモンキー・パンチも外国のファン95％が『ルパン三世』を好きになったきっかけは本作だと口にしている。また、アニメ作家たちが注目したのは、宮崎の演出やレイアウト手法、場面設計といった実務部分。当時出版された絵コンテ集はアニメ制作現場での教科書として使用され、その後のアニメ作品に大きく影響を与えることとなった。

やがて不朽の名作と評価されるようになる要因は、なんといってもカタルシスに満ちたアクションシーンだろう。冒頭のカーチェイスは、クルマの疾走シーンがまるで生きているかのように感じられるほどにエネルギッシュで、いきなり観客の心をわしづかむ。これ以外にも宮崎アニメならではの躍動感あふれる名シーンの数々は、宮崎の才能を世界に知らしめ、『トイ・ストーリー』のジョン・ラセター監督など多くのトップクリエイターたちの作品に反映する。

だが一番の見所は、クラリスのはかなげで一途、か弱く見えながらも時に驚くほどの勇気を行動で示す姿だろう。これは宮崎が「カリオストロの城」の前に手掛けたテレビアニメ『未来少年コナン』のヒロイン・ラナの姿を引き継いだものだといえ、宮崎作品で描かれる女性像は、その後も『風の谷のナウシカ』のナウシカや『天空の城ラピュタ』のシータにも受け継がれていく。冒頭の銭形の台詞を受けたクラリスが強くはっきりと応える「はい！」というその一言こそ、本作最大の見せ場の一つかもしれない。

20

『ドラえもん』が先陣を切った春・夏定番の「季節劇場アニメ」

春・夏は毎年人気アニメの劇場版上映が目白押しだ。『ドラえもん』を筆頭に、『クレヨンしんちゃん』『名探偵コナン』『ポケットモンスター』『ONE PIECE』などが常連である。このように、毎年のように特定シーズンに公開されるアニメ映画を「季節劇場アニメ」と定義しよう。

そのほとんどに共通する要素は「冒険」「戦い」、そして「新たな出会い」だ。主人公たちが普段過ごしている街とは違う世界に飛び出して、映画版のオリジナルキャラクターと接触・交流。そして目的達成に向けて敵対したり共闘したりする、という流れがお約束である。

春休みやゴールデンウィーク、夏休みなどのまとまった休みは子どもたちにとって、毎日が冒険のよう……そんな心情を抱く子どもたちは、きっと自分の姿を映画のなかで活躍する主人公たちに重ねることができる。季節劇場アニメは毎年大好評で、高い興行収入を記録。興行収入が10億円を超え、日本映画製作者連盟の配給収入上位作品リストに載ることがヒット映画の条件といわれているが、先の5シリーズはジブリ作品や各時代の話題作などと肩を並べてほぼ毎年ここに登場する。

では、この季節劇場アニメの原点はどこにあるのだろうか。歴史をたどれば1967年7月から始まった「東映まんがまつり」にたどり着くが、これは東映の子ども向けオムニバスに位置づけられ、アニメだけではなく実写映画や特撮などさまざまなジャンルが登場。アニメもテレビ版の再編集やリバイバルが多かった。

現在のような配給スタイルの礎となる季節劇場アニメの原点は『ドラえもん のび太の恐竜』（同時上映『モスラ対ゴジラ』）だろう。テレビアニメシリーズが始まった翌年の80年3月15日に公開され、観客動員数320万人・興行収入15億5000万円を超えて同年の邦画第4位、アニメ映画ではトップとなる大ヒットを記録した。さらに83年に開かれた「第2回ゴールデングロス賞」で最優秀金賞を受賞し、2006年には声優交代後初の映画作品でリメイク版となる『ドラえもん のび太の恐竜2006』が公開されるなど、まさに原点にして頂点と呼ぶにふさわしい作品だ。

同作は原作者の藤子・F・不二雄が75年に『増刊少年サンデー』で発表した短編漫画『のび太の恐竜』をベースに、藤子と当時シンエイ動画に所属していた松岡清治が脚本を手掛けた。以後、05年の声優交代が行われるまで毎年『ドラえもん』の新作映画が制作・公開される流れができた。同時上映作品は『怪物くん』『忍者ハットリくん＋パーマン』などの作品もあれば、ドラえもんの妹・ドラミちゃんや不滅の友情を誓ったチーム「ザ☆ドラえもんズ」が主役のスピンオフ作品な

1980年公開の『ドラえもん のび太の恐竜』が映画シリーズの口火を切った

©藤子プロ・小学館・テレビ朝日・シンエイ・ADK 1980

どということもあった。また、声優交代後は過去作のリメイク作品が多く、同時上映作品がなくなった分、上映時間が延びてより内容が濃くなっているのが特徴である。

『ドラえもん』と同じテレビ朝日系で放送されている『クレヨンしんちゃん』もまた、季節劇場アニメといえる。93年7月に公開された劇場版第1作目『アクション仮面vsハイグレ魔王』を皮切りに子ども向けの内容が続くが、9作目『嵐を呼ぶ モーレツ！オトナ帝国の逆襲』、続く10作目の『嵐を呼ぶ アッパレ！戦国大合戦』は大人が泣ける作品として評価され、かつてのPTAから苦情が来るほどのお下品なギャグアニメという印象を払拭している。

この2作品に続くのが『名探偵コナン』だ。劇場版第1作目の『時計じかけの摩天楼』(97年4月)以降、毎年ゴールデンウィークにオリジナルストーリーの新作が公開。冒頭に必ず主人公・工藤新一が江戸川コナンになった経緯を紹介し、初見でも作品を楽しめるようフォローしているのが特徴である。同作は季節劇場アニメ以外に、13年に『ルパン三世』とのクロスオーバー作品『ルパン三世vs名探偵コナン THE MOVIE』を公開している。これは09年3月に放送されたテレビスペシャルの続編と位置づけられ、放送局・アニメ制作会社・原作連載の複数の周年記念として制作された背景がある。怪盗と探偵という相いれない主人公の対決が話題となり、両作品を通じて初の興行収入40億円超えを記録した。

最後に『ポケットモンスター』と『ONE PIECE』だが、まず「ポケモンシリーズ」第1作の『劇場版ポケットモンスター ミュウツーの逆襲』は98年7月公開。人造ポケモンのミュウツーが自分の存在意義を求め、遺伝子操作で作り出したコピーポケモンを引き連れて人間への復讐を企てるという、子ども向けとは思えないほどのハードなストーリーだが、海外を含めて評価は高い。また、6作目『七夜の願い星 ジラーチ』からはゲーム版で特別なポケモンが入手できる特別前売券が販売され、原作がゲームならではのメディアミックス展開も注目を集めた。『ONE PIECE』は連載漫画はもとより、テレビアニメの圧倒的な人気を追い風に00年3月に劇場版第1作が公開された。翌年の『ONE PIECE ねじまき島の冒険』が興行収入30億円を突破して季節劇場アニメへと定着。海賊王が残した「ひとつなぎの大秘宝（＝ワンピース）」を求める夢への冒険と仲間たちとの友情といったテーマは冒険ものの王道。壮大な世界観と巧緻な設定から生み出される新たなストーリーが人気継続の秘訣《ひけつ》となっている。

ONE PIECE
ねじまき島の冒険

とある島でバカンスを楽しんでいた麦わら一味の目の前で愛船のゴーイングメリー号が何者かに盗まれてしまう。泥棒兄弟のボロードとアキースから、「トランプ海賊団」が犯人だという情報を得ると、一味は彼らが根城にしているねじまき島に向かう。しかし、ルフィの仲間たちが次々とさらわれていき……。

配給：東映／公開：2001年3月3日／上映時間：60分／原作：尾田栄一郎／監督：志水淳児／キャラクターデザイン・作画監督：井上栄作／声優：田中真弓・中井和哉・岡村明美・山口勝平・平田広明・堀内賢雄・矢島晶子・玄田哲章 他

『ONE PIECE ねじまき島の冒険』
[Blu-ray]
販売元：東映／発売元：東映ビデオ／価格：本体 5,280 円（税込）

21 第3のアニメメディア「OVA」が登場。『ダロス』が開いた新しいビジネス

日本で最初のアニメは、劇場映画として公開するための作品として作られた。それに続いたのがテレビ放送用のアニメであり、その両方をビデオやDVDに再収録して販売することはあっても、1960年代から、作り上げたアニメを発表する媒体は映画とテレビに限られるというのが常識とされてきた。

83年、そんな状況が変わる。『ニルスのふしぎな旅』を制作し、『うる星やつら』のアニメーション制作で名を上げたスタジオぴえろの制作、バンダイ（後のバンダイビジュアル／バンダイナムコアーツ）が販売した『ダロス』によってOVA（オリジナル・ビデオ・アニメーション）という第3の媒体が誕生したのだ。

OVAとは、最初からビデオやDVDなどの記録媒体の一般向け販売やレンタルを販路として作られる商業アニメである。

その第1作目となった『ダロス』はテレビ東京系で放送されていた『魔法のプリンセス ミンキーモモ』の後続作品用に企画されたものだった。宇宙を舞台とするSFアニメで、主人公は17歳の少年、さらに太古の宇宙人が残した不思議な構造物が絡んでくるというミステリーを兼ね備えたス

トーリーだった。

21世紀末の地球では、人口急増や資源枯渇などによる人類の存続が危ぶまれる状況のなか、地球連邦政府が諸問題を解決するために月面開拓計画を開始した。前例のない計画遂行に多大な犠牲を払いながらもプランは成功し、月の裏側に植民都市「モノポリス」が建設される。

月面開発で人類のものとなった潤沢な鉱物資源によって地球は危機を脱し、人類には永続的な繁栄が約束されたかに見える時代が訪れた。しかし、地球の生命線が月にあることから、「ルナリアン」と呼ばれる月面開拓民への圧政・抑圧は次第に重さを増し、やがて頭部に装着を義務づけられ死ぬまで外すことを許されない認識リングによって、常時、行動を監視され労働を課せられる奴隷のような立場に置かれてしまう。月からの搾取によって昔日の豊かさを取り戻した地球を訪れることも禁止され、月面での死者の肉体は化学処分されて墓標を立てて弔うことすら許されないという状況が訪れていた。

その元凶は月の全てを管理する統轄局「スカラー」の施策。ルナリアンのなかには、自分たちが置かれた状況への異議申し立てと交渉を地球政府に諮ろうとする者もいたが、それも一切認められない。地球の奴隷と化した彼らの心の拠《よ》り所は、モノポリス近郊、月面開拓以前から聳《そび》えていたとされる巨大な機械構造物「ダロス」だった。まるで巨大な人の顔のようにも見え、明らかに地球文明の水準を超えた超科学的物体であり、人類の月到達以前のはるか古代から存在していることは確かだった。今ではその来歴や構造、役割などの一切の謎を探求しようとする者もなく、ただ巨大な謎の存在としてルナリアンたちの信仰の対象にもなっていた。とくに多大な苦難の時間をダロスと共に過ごしてきた開拓第一世代の老人たちにとって、それは神に等しい存在であった。

そんななか、月で生まれた生来のルナリアンたちの間で、スカラーへの強い反感が蓄積していく。ルナリアン第三世代の少年で物語の主人公となるシュン・ノノムラと幼なじみのレイチェルは、偶然知り合ったゲリラ組織のリーダーであるドグ・マッコイが主導する独立運動へと、自らの意思とは関わりなく巻き込まれて行く。

しかし武力交渉は統轄局に一蹴され、基地として利用していたダロス破壊へとつながってしまう。だが、そのことがダロスの存在を畏敬するルナリアン全体の反発を呼び、ついにはルナリアンの最高組織である第一世代ルナリアン開拓民評議会が全面ストライキを発令するに至る。スカラーとルナリアン側の緊張が頂点に達したとき、なんと破壊されたはずのダロスが本来の力で自己修復を遂げ復活して目覚め、その恐ろしい力を発揮し始める。

混乱を招いた『ダロス』の制作体制

『ダロス』の制作にあたって、監督は『科学忍者隊ガッチャマン』の総監督を務めた鳥海永行《とりうみひさゆき》と『うる星やつら』のチーフディレクターだった押井守のふたりとなった。ところが人間ドラマを意図した鳥海と状況描写を丹念に描きたい押井との間で制作の方向性に亀裂が生じ、演出のみならず絵コンテや色指定まで分裂するという大混乱が生じたという。最終的には双方が歩み寄り、鳥海がス

『ダロス』制作発表会

●制作スタッフ●

『月刊OUT』1983年12月号に掲載された『ダロス』の特集記事。世界初のOVAとあって制作時点から話題となっていた

トーリーラインを担当し、戦闘シーンやアクションシーンの演出を押井が手掛けるという役割分担に落ち着いた。ただし、制作過程でのこの混乱が後を引き、両監督とも不完全燃焼のままに終わったという話もあった。

『ダロス』のOVAは、企画段階での52話をダイジェスト編集してセルビデオ4巻に分けての発売となった。当時の販売用ビデオソフトの価格設定が通常1本1万円以上というなかでは、6800円という『ダロス』の価格競争力は強く、第1巻の販売数は1万本レベル、4巻合わせた売り上げは2万本で制作費の1億円を十分回収することが可能だった。この『ダロス』の成功によって、劇場アニメでもテレビアニメでもない、新たなビジネスモデルとしてのOVAへの道が開き、『ダロス』は日本のアニメに従来なかった制作システムの可能性を生むきっかけとなった。

22

「視聴率男」の異名をとる押井守が映画監督へと大きく羽ばたいた原点

『時をかける少女』『四畳半神話大系』『僕だけがいない街』『君の名は。』など、いわゆる「ループ」をモチーフにしたアニメ作品には印象に残るものが多いが、その先駆的作品の一つといえるのが、1984年に劇場公開された『うる星やつら2 ビューティフル・ドリーマー』だろう。

監督を務めたのは、現在のところ唯一、世界三大国際アニメ映画祭（当時。108ページ参照）全てにエントリー実績を持つ押井守監督である。映画以前にも81年から高橋留美子原作のテレビアニメ『うる星やつら』のチーフ・ディレクターなどを担当し「視聴率男」の異名をとっていた。83年にはその劇場版となる『うる星やつら オンリー・ユー』で映画監督デビューを果たしている。

続いて劇場版第2作目にあたる「ビューティフル・ドリーマー」では脚本も押井が担当。結果としてその原点、出世作となった。興行収入こそ前作を下回ったが、アニメ映画全体の評価が確立していた当時の『キネマ旬報』読者選出年間ベストテンで第7位（邦画）に選ばれている。その影響力は映像作品にとどまらない。実際、大ヒットラノベの『涼宮ハルヒの憂鬱』や、ハリウッドで実写化された『All You Need Is Kill』も本作からインスパイアを受けたとされる。

また、押井の映像作品は国内のみならず海外でもカルト的人気を誇る。その代表格ともいえるのが、95年公開の『ＧＨＯＳＴ ＩＮ ＴＨＥ ＳＨＥＬＬ／攻殻機動隊』だろう。士郎《しろう》正宗の漫画第1巻をもとに制作され、日本での劇場封切り時の観客動員数は12万人。しかし、アメリカの『ビルボード』誌のビデオ週間売り上げ第1位を記録するなど、海外での高評価を受けて逆上陸、国内でも見直され、メディアの露出が増えることで熱狂的な人気を博すこととなる。

『タイタニック』などの監督で知られるジェームズ・キャメロンは「大人のＳＦに刺激を受けた」と絶賛。自らの映画『アバター』もその影響を受けたとしている。２０１７年には、ハリウッド版『ゴースト・イン・ザ・シェル』がルパート・サンダースにより実写映画化され話題を集めた。

夭逝《ようせつ》した今敏《こんさとし》監督と並び（１２４ページで詳述）、押井守もまた、徹底的に細部や質感にこだわったそれまでにないアニメ映像の地平を開いたといえる。

うる星やつら2 ビューティフル・ドリーマー

学園祭を明日に控えて、あたるたちは連日学校に泊まり込みで準備に大忙し。ところがある異変に気づいたサクラが生徒全員に帰宅を命令。しかし友引町はすでに異常事態に！　街の様子は一変し、あたるたちのサバイバル生活が始まった。

配給：東宝／公開：1984年2月11日／上映時間：97分／原作：高橋留美子／脚本・監督：押井守／キャラクターデザイン・作画監督：やまざきかずお／作画監督：森山ゆうじ／声優：古川登志夫・平野文・神谷明・杉山佳寿子・島津冴子・鷲尾真知子・田中真弓・藤岡琢也他

『うる星やつら2 ビューティフル・ドリーマー』［Blu-ray］
発売元：東宝／販売元：東宝／価格：本体5,170円（税込）
© 高橋留美子／小学館

23 リアル&シリアス路線の停滞から〝子どもが楽しめる〟アニメの復活

１９８０年代の半ばになると、団塊ジュニア世代も自分が観たいアニメを選ぶ年代に差し掛かる。そこで復権してきたのが、彼らが等身大で楽しめるアニメだった。少年・少女漫画誌で人気の『Dr.スランプ アラレちゃん』や『キン肉マン』、リニューアルされた『あんみつ姫』などがそれにあたる。停滞傾向を見せていた70年代後半からのリアル&シリアス路線アニメに代わったのは、ギャグテイストやキャッチーな決め台詞などが特徴の〝楽しく分かりやすい〟テレビアニメだった。

『Dr.スランプ アラレちゃん』はペンギン村の発明家・則巻《のりまき》千兵衛が作った女の子型ロボット・アラレのハチャメチャぶりを描く。「キーン!」の掛け声と共に超高速で走り回り自動車や建物まで破壊してしまうパワフルさ、ウンチが大好きなど破天荒なキャラが人気を呼び、平均視聴率22・7%の高視聴率を叩き出す。アニメは女子中高生にも人気が波及、「んちゃ!」「バイちゃ!」などのアラレ語が流行語となり、キャラクター商品も人気で最終的には７７０品目にも達したという。

『キン肉マン』はキン肉星の王子・キン肉スグルことキン肉マンをはじめとする超人たちがプロレス対決する、ヒーローもの&ギャグテイストのストーリーだ。そこにはプロレスブームや、オリンピックの影響なども反映された。超人たちのキャラクター消しゴム（キン消し）もお小遣いで買え

バブル期に子どもたちの心をわしづかみにしたのは、ナンセンスでも楽しくて仕方がないアニメたちだった。左が映画雑誌『ロードショー』（1981年11月号）の『Dr.スランプ アラレちゃん』特別編集号。右は『アニメージュ』（1984年5月号）についていた『キン肉マン』の特別付録

る価格で、コレクション心をくすぐるアイテムとして人気を呼んだ。２０１１年にはコミック版Ｗｅｂ連載として復活しグッズ展開も継続している。一方、オリジナルが50年代の少女漫画だった『あんみつ姫』は、86年からのアニメ化と連動してナンセンスコメディとなってリニューアル。可愛らしさとお転婆な性格のあんみつ姫が城の内外で起こす騒動をアニメ版と共に描いた。スポンサーのバンダイがあんみつ姫人形の玩具を、セイカノートが関連文具を販売してヒット商品に。アニメ放送中にセガがテレビゲームを発売したことも話題となる。

これらのアニメはどれもただ内容を楽しむだけでなく、キャラクターグッズを巻き込んだ路線が団塊ジュニア世代のハートをつかみ大成功し、その後のメディアミックス、タイアップ路線に大きな影響を与えることになった。

24

SF・ラブコメ・アイドルが混然一体！『超時空要塞マクロス』の挑戦

西暦2009年から12年にかけての地球周辺の宇宙が舞台。墜落した異星人の宇宙船を人類が改修した宇宙戦艦「マクロス」は運命のいたずらのように宇宙間戦争の一方の当事者となり、軍人ばかりか多数の民間人を乗せたまま、太陽系の外周部へ飛ばされてしまい、そこから地球への帰還を試みる。その途上に布陣するのは、戦うことしか知らない巨人型異星人・ゼントラーディの艦隊、しかし戦いの結末は意外なところからもたらされた。

「ヤマト」「ガンダム」に次ぐロボットアニメ

1977年の『宇宙戦艦ヤマト（劇場版）』、79年の『機動戦士ガンダム』によって、初のSFロボットアニメ世代となった子どもたちが成長してクリエーターになったときに、自分たちの見たいストーリーを存分に注ぎ込んで作り上げたともいえるのが82年の『超時空要塞マクロス』だ。日常生活から突然、戦いの渦中に投げ込まれ、『宇宙家族ロビンソン』のように漂流し、戦闘下の日常のなかで恋心を抱き、アイドルに心ときめきながら、最先端技術満載のメカニックに心躍らせる……並べてみると少し欲張りすぎの内容ながら、それでも破綻なく一編のストーリーにまとめ上げた見事な作品となった。

『超時空要塞マクロス』は多くのファンを獲得し、そこから「マクロスシリーズ」や「超時空シリーズ」として、テレビをはじめさまざまなメディア展開を生み出す一大叙事詩の起点になった。

太平洋上の南アタリア島に宇宙から飛来した機械構造物が墜落する。全長１２１０ｍ、全幅４６５ｍ、全高３３５ｍというその巨大な宇宙船を調査して強い衝撃に見舞われる人類。地球文明以外の何者かによって建造されたその船は宇宙間戦争のための戦闘艦だった。この事実に対応するため人類は統合への困難な争いを経て、ついに地球統合政府の樹立を成し遂げる。統合政府は墜落艦を改修し「マクロス」と命名する。

２００９年に改修を終えたマクロス進宙式の当日、地球付近にゼントラーディ軍の艦隊が出現する。ところが、その存在を感知したマクロスの主砲システムが自動的に起動し来襲戦艦群の一部を撃破。人類は否応なくゼントラーディとの戦端を開いてしまうこととなった。

人類の意図に反して、突然戦闘モードで起動し本来プログラミングされていたであろう攻撃を開始したマクロスの正体は、ゼントラーディとの戦闘で撃破された敵対陣営の宇宙要塞だったのだ。突然の砲撃によって初戦を失いながらも、たちまち体制を立て直し地球へ迫る敵軍包囲網からの脱出を図るマクロスだったが、フォールド航行（ワープ航行）の制御に失敗し、南アタリア島一帯を巻き込みながら冥王星軌道付近に飛ばされてしまう。そして図らずもその乗務員になった主人公たちは、通常航行による地球への長い帰還の旅を強いられることになる。

ロボットアニメに融合するアイドルストーリー

従来のSFアニメをスタンダードとすれば多くの齟齬《そご》を生じるような設定だが、それは主人公たちの人物像とその関係性にもあてはまる。

主役級は3人。一条輝《ひかる》は民間スタントパイロット出身で戦闘に巻き込まれ、仕方なく地球統合軍に志願して可変戦闘機バルキリーの操縦士となる。ふたり目はマクロス進宙式の見物に出掛け、一条と共に冥王星域へ飛ばされた中華料理店のひとり娘リン・ミンメイ。彼女はやがて艦内イベントに優勝して芸能界入りし、アイドルとして歌声を響かせる。そして士官学校首席卒業のエリート早瀬未沙。地球統合軍中尉でマクロス航空管制主任オペレーターであり、一条輝の上官でもある。戦闘下の漂流航海のなかで3人の関係は複雑に絡み、その間に芽生える感情の綾《あや》はまるで学園アニメのラブコメのようでさえある。

弟キャラの主人公と勝ち気な先輩、天真爛漫《らんまん》な人気者という人間関係はそれほどSF向きとは考えられないが、アイドル・ミンメイのストーリーが進むにつれて、歌こそ人間が持つ感情の発露・結晶であり、幾世代も続く戦闘状態のなかで心を失い、ただ戦うことしかできない存在になっていたゼントラーディ人に、人類と交流可能な何ものかを復活させるキーになる。つまり、アイドルという存在が本作においては最重要要素の一部となっているのだ。ちなみに、ミンメイの声を担当したのは飯島真理。当時歌手デビュー前だった彼女だが、「マクロス」の人気によってデビュー前にファンクラブが発足するという前代未聞な出来事も起こった。
もちろん、ＳＦアニメ王道のメカの魅力も格別だ。『機動戦士ガンダム』以降のリアルロボットアニメとあって、異星人の建造による戦闘要塞マクロスや可変戦闘機バルキリー、陸戦兵器デストロイドなど、緻密な設定や精巧なデザインに裏打ちされたロボット兵器の複雑さと多様さも本作の重要なポイントとなっている。そんなメカニカル的な部分の虜となって、その詳細を探求したいという欲望に駆られる多くのロボットアニメ・マニアたちが誕生したのだった。
アニメこそ完結するが、ファンの間では物語に終わりはない。『超時空要塞マクロス』の重層的なストーリーのエッセンスは、テレビアニメ終了直後の劇場版『超時空要塞マクロス 愛・おぼえていますか』をはじめ、その後、40年間続くさまざまな物語へと枝葉を伸ばすこととなっていく。

超時空要塞マクロス 愛・おぼえていますか

西暦2009年。宇宙では巨人族同士の戦いの余波を受け、地球は破滅。修復された巨大宇宙船マクロスに乗った6万人弱の人々がかろうじて地球を脱出した。やがて乗艦していたミンメイの歌が、巨人族の心に文化の記憶を呼び覚まし、二大勢力は力のバランスを崩し始めていく……。

配給：東宝／公開：1984年7月21日／上映時間：115分／原作：スタジオぬえ『超時空要塞マクロス』／監督：石黒昇 他／キャラクターデザイン：美樹本晴彦／声優：長谷有洋・飯島真理・土井美加・神谷明・速水奨・市川治 他

『超時空要塞マクロス 愛・おぼえていますか』［Blu-ray］Blu-ray発売中
発売元：バンダイナムコアーツ／販売元：バンダイナムコアーツ／価格：本体 5,500 円（税込）
©1984 BIGWEST

25 スタジオジブリ誕生！ アニメの枠を超える一大ムーブメントに

2020年、新型コロナウイルスの流行によって新作映画の供給が困難をきたした。そんな苦境のなか、業界最大手の東宝がスタジオジブリの旧作4本のリバイバル上映を行うが、結果は驚きを持って迎えられた。興行成績の上位3位までをジブリ映画が独占、しかもその全てが興行収入1億円以上を叩き出したのだ。

上映された作品のうち、『風の谷のナウシカ』はジブリにとって多少異端な作品である。制作はトップクラフト、冒頭のクレジットはおなじみのトトロのキャラクターではなく、「世界野生生物基金（WWF）推せん」という文字とロゴマークのパンダだった。そもそも本作の公開は1984年、宮崎駿の長編アニメ映画第2作にあたる。82年から雑誌『アニメージュ』にて連載されていた宮崎による同名漫画をベースに、雑誌発行元の徳間書店と広告代理店の博報堂が組んだ製作委員会方式で映画化されたものだった。制作陣には高畑勲・鈴木敏夫・久石譲ら、後のジブリアニメを支えるスタッフの顔がそろう。

当初の配給収入は約7・4億円で、翌年のテレビ放送から人気に火がついたともいわれる。しかしその後の評価・反響は著しく、「アニメグランプリ」「日本アニメ大賞」の作品部門をダブルで受賞、映画雑誌のベストテン選出のみならず、新聞のコラムでは「女性原理の主張」や「自然との共生」という視点が賞賛されるなど、アニメの枠を超える一大ブームを作り出していく。

ジブリはこの成功を機に誕生した。次の作品となる『天空の城ラピュタ』制作時の85年に徳間書店が中心となってレーベルを設立。以後、高畑勲・宮崎駿両監督の劇場用長編アニメを中心に、スタジオジブリによる制作が本格始動していくこととなった。

このふたりの出会いは『太陽の王子 ホルスの大冒険』(68年)まで遡《さかのぼ》るが、両名にとって代表作となったのが74年に放送されたテレビアニメ『アルプスの少女ハイジ』だ。当時のさまざまな逸話は、その後の両名の作風へと確実につながるが、高畑が監督、宮崎が画面構成を担当した「ハイジ」でのこだわりはジブリ時代へとしっかり継承されていく(50ページ参照)。

そもそも劇場用長編アニメ、オリジナル作品以外は制作しないというジブリのスタイルは、制作会社として極めて特異な存在だ。なぜなら、興行成績は水もの。売り上げの保証が得られない劇場用作品はリスクが大きすぎる。その点がネックとなり、多くのアニメスタジオは、収益の基盤をテレビアニメに置きつつ、満を持して劇場用作品を送り出すというのが一般的となっている。しかし結果的に日本のアニメ界を牽引し、世界へと広げた高畑と宮崎は異なった道を選んだ。それが劇場用長編アニメを作り続ける、スタジオジブリだったといえる。

『天空の城ラピュタ』からスタートした「ジブリブランド」だが、次いで、ふたりの監督それぞれの作品を同時に世に送り出す。それが88年に2本立てとして公開された宮崎駿の『となりのトトロ』と高畑勲の『火垂るの墓』だ。これらはやがて名作の名をほしいままにしてジブリ初期の代表作となったが、当初は失敗作とも考えられた。公開時の配給収入がジブリ設立のきっかけとなった『風の谷のナウシカ』を大きく下回る5・9億円と伸び悩んだのである。

ただし評価は高く、『火垂るの墓』が『キネマ旬報』の日本映画ベストテン第6位、『となりのトトロ』は第1位を獲得。翌89年に日本テレビ系の『金曜ロードショー』で放送以降、毎年放映され高視聴率を記録し続けることになった。また、トトロのキャッチーなキャラクターもあいまって、ぬいぐるみが大ヒット、やがてジブリ作品本編開始前のブルースクリーンに登場するマスコットキャラクターとなった。

日本のアニメ界を席巻するジブリ作品

ジブリ作品で興行的に初めて成功を収めたのが、89年公開の『魔女の宅急便』である。観客動員数は264万人と同年の邦画ナンバーワンヒットとなる。ここから徐々にスタジオジブリの体制が変化、いわばジブリ第2期のスタートだ。その具体的な改革が、スタッフの待遇改善と新人の採用・育成である。従来、アニメ映画制作が1回ごとの請負制に近かったものから、スタッフを社員化・常勤化させる一方で、動画研修生の制度を発足させ毎年定期的な新人採用を開始する体制への移行がスタートした。やがてその成果が実を結ぶ。〝ジブリ出身〟の監督としては初となる米林宏昌の作品『借りぐらしのアリエッティ』（2010年）である。同作を観た宮崎の第一声が、「ジブ

参照：ジブリ作品の中で現在でも不動の人気を誇る『天空の城ラピュタ』©1986 Studio Ghibli

リ育ちの演出が初めて誕生した」だったことはあまりにも有名だ。

『魔女の宅急便』以降も快進撃は続く。97年公開の『もののけ姫』は興行収入193億円を達成し、それまで日本で公開された邦画・洋画、全ての記録を塗り替えた。それに続いたのが01年公開の『千と千尋の神隠し』。第4章で詳述しているが、最終的興行収入は304億円（再上映の加算前）と歴代興行収入記録を塗り替え、20年に『劇場版「鬼滅の刃」無限列車編』に破られるまで20年近く首位を堅持し続けたのだ。

最後に、名前の由来について紹介したい。スタジオ名の元になった「ジブリ」とはサハラ砂漠に吹く熱風のこと。第2次大戦中、イタリアの軍用偵察機の名称でもあるが、飛行機マニアの宮崎が選んだ。「日本のアニメーション界に旋風を巻き起こそう」という意図があったともいう。

26
熱血よりも〝柔らかいスポ根〟の時代へ。『タッチ』が示したラブコメ&スポーツ

「呼吸を止めて1秒あなた真剣な目をしたから〜」から始まる、誰もが聴き惚《ほ》れた名曲『タッチ』。これは同名のテレビアニメ作品の主題歌であり、今日まで世代を超えて愛されているアニメソングの代表格だ。ただし番組放送の開始前、音楽を担当したポニーキャニオンは、プロモーション優先で新人歌手の起用を推してきた。しかし、これに制作サイドが抵抗を示した。原作者・あだち充の世界観を表現できる実力のある歌手を！　という理由から、最終的に岩崎良美が歌うことに落ち着いたという。

では、この「あだち充の世界観」とは、一体どのようなものなのだろうか。

『タッチ』放送まで、スポーツアニメといえば「スポ根もの」こそが代表格で、誰もが納得する王道だった。ちなみにこのスポ根とは、「スポーツ根性」の略語。作品の傾向は圧倒的な熱血さと勝負に勝ち抜くことにこそ重きを置くものを指す。それに該当するのはアニメでいえば、『巨人の星』や『あしたのジョー』『リングにかけろ』などといった系列だ。

そんな傾向から真反対に位置するのが、あだちによるスポーツ漫画の特徴である。そのなかで最初にアニメ化されたのが、1983年に「日生ファミリースペシャル」として放映され、その後、

映画にもなった『ナイン』だった。高校野球をテーマとして描かれたストーリーだが、そのアニメを観たほとんどの人は、きっとその幕切れにはあっけに取られたのではないだろうか。

甲子園大会の準々決勝、主人公・新見克也の青秀高校が対戦する相手は、96イニング無失点という記録を持つ怪物投手・大前田率いる高倉工業である。しかし青秀高は新見のパーフェクトスチールもあり、1点を先制する。一方で青秀高のエース倉橋も絶好調、ノーヒットノーランを8回まで続け、9回もエラー出塁の走者を背負いながら二死までたどり着く。敗戦を覚悟した大前田は、自分の控えでマウンドに上がることのなかった桜井を代打で使ってくれるよう監督に頼みこみ、監督も〝記念〟にとそれを許す。ところがそんな桜井の打球が逆転サヨナラのツーランホームランになってしまう。しかもこの時点で、物語のメインである高校野球は終了となってしまう。なんともほんわかとしたものである。しかしそれに違和感はなく嫌な気もしない。もはや「なんだか残念だ」という気持ちにもならないのだ。

そのどこか清々しく、なんだか甘酸っぱい作風は、現実に野球界の大スターであるイチローに、『このくすぐったさ、たまんないね』というタイトルのエッセイを寄稿させるほどのものだった。

杉井ギサブローがアニメで表現した「あだち充の世界観」

その後、85年から放送が始まったのが『タッチ』だった。この『タッチ』をはじめ、あだち作品は一様に「青春ラブコメ」と称される。むしろメインとなるテーマは「ラブコメ」で、そこにスポーツが背景として描かれているといってもいいだろう。その後、青春ラブコメは漫画ジャンルの定番となるが、あだちこそその先駆者と言っても過言ではない。その作風を簡単にまとめるとすれば、スポーツをテーマとしながらも、物語の主軸は登場人物の恋愛模様や普段の生活で、ストーリーはそれらを丹念に描いていくというものだ。そういった従来なかった新鮮さが視聴者の心を捉え、『タッチ』は国民的アニメと呼ばれるようになる。と同時に、本作のヒロインである浅倉南もまたアニメの枠を超え、国民的ヒロインとして誰もが知る存在となった。

かといってアニメ版『タッチ』は決して人気先行の作品ではない。内容的にも高い評価を受けており、アニメ業界関係者によって選考される「第3回日本アニメ大賞」（85年）ではアトム賞と美術部門最優秀賞を受賞している。

ところで、アニメ版『ナイン』と『タッチ』だが、原作とは多少空気感が異なっている。この2作品の監督を務めたのが、通称「アニメ師」の異名をとる杉井ギサブローだ。日本アニメの礎を築いた『白蛇伝』『鉄腕アトム』に関わり、独立後は『ルパン三世』アニメ化の最初の企画にも携わった人物で、83年から『ナイン』、85年からは『タッチ』の監督を引き受ける。

杉井は『タッチ』のアニメ化にあたり、原作に見られた軽率なギャグや、漫画業界の内輪的ネタなどをカットしている。その結果、アニメ版は「アニメスタッフの考えや美意識が入った別の作品」と評されることもある。さらによく知られているのが、最終回（第101話）の「新しいスタートライン・上杉達也は浅倉南を…」のシーンだ。

主人公・上杉達也がエースとなった明青学園は、ライバル校の新田明男率いる須見工業高校を地区大会決勝で下し、ついに甲子園への切符を手にする。その甲子園へと向かう新幹線で達也がアイドルの住友里子との遭遇するのは漫画の有名なエピソード。原作では南への気持ちを確認するきっかけとなるシーンなのだが、そっくり削られた。アニメ版では明青学園が兵庫県に到着直後、達也が南に電話で愛を告白する場面で完結となっている。あだち自身も、この終わり方が本来のエンディングだったという。連載の終盤で〝大人の事情〟から最終回が延びてしまい、差し込まれたのが里子との逸話だったのだ。それを知った杉井がアニメで本来のエンディングを復活させたのである。実は冒頭で紹介した、テーマソングの新人起用に猛反発したのも杉井である。アニメ師・杉井のなんとも熱く、粋な部分を垣間見るような逸話ではないだろうか。

タッチ

上杉達也、上杉和也は双子の兄弟だが性格は似ておらず、隣に住む同い年の浅倉南と3人、物心がつく前から一緒に行動しており、まるで家族のようだった。やがて思春期を迎え微妙な三角関係へと発展していく。明青学園のエースとなった和也は、その思いを打ち明けるように「南を甲子園へ連れていく」と誓うが……。

放送局：フジテレビ系／放送期間：1985年3月24日～1987年3月22日・全101話／原作：あだち充／総監督：杉井ギサブロー／シリーズ構成：高星由美子（第1話～第56話）・並木敏（第57話～第101話）／声優：三ツ矢雄二・難波圭一・日髙のり子・林家正蔵・井上和彦 他

『タッチ』TVシリーズ Blu-ray BOX1［Blu-ray］
発売元：東宝／販売元：東宝／価格：本体 35,200 円（税込）
© あだち充／小学館・東宝・ADK

27 全米を虜にした熱は今も冷めない。レジェンドアニメ『AKIRA』の影響力

新型コロナウイルスの蔓延《まんえん》によって、2020年開催予定の東京オリンピックが21年に延期となった。これを「予言していた」と噂されるのが1988年公開の劇場アニメ『AKIRA』だ。原作は82年から90年にかけて連載された大友克洋の同名漫画で、アニメ版は連載途中に公開。監督・脚本も大友自身が務めた。ちなみに大友は、角川映画のアニメ第1弾『幻魔大戦』(83年)でキャラクターデザインとしてアニメ制作に初めて携わっている。

『AKIRA』の制作期間は3年、制作費は当時の日本アニメ映画としては破格の10億円。カット数2200、セル画枚数は15万枚にも及ぶ大作となる。公開されるや否や、国内外に強い衝撃を与え、日本アニメ史を語るうえで欠かすことのできないエポックメイキングな作品となった。

本作が登場する以前、海外の日本アニメへの評価は、それほど高いものではなかった。原因の一端は、当時の欧米におけるアニメ作品は、基本的には子ども向けのカルチャーであり、大人が観るものではないと考えられていたことにある。『AKIRA』はその常識を覆し、後に「ジャパニメーション」と呼ばれる、海外を巻き込んだ日本アニメムーブメントの先駆けとなったのである。実際『AKIRA』の影響力は、公開から30年以上経っても衰えていない。18年公開の映画『レディ・

プレイヤー1』には、主人公・金田のバイクが登場。本作のスティーブン・スピルバーグ監督は、来日した際に作中に登場するお気に入りの日本のキャラクターを問われると「『AKIRA』のバイクが大好き、映画でもタイヤのグリーンフラッシュを忠実に再現した。『AKIRA』は凄《すご》い」とベタ褒めだった。

これほどの人気の秘密、その魅力は一体なんなのだろうか。それは、昭和の日本と近未来都市を融合させた、当時の誰もが想像できなかった圧倒的なビジュアル力である。ストーリーは21世紀の日本を舞台にしたSFだが、そこに描かれる若者たちの青春ドラマ、政治と宗教、破壊と再生、テクノロジー、アクション――88年に描かれた未来像は現在でも決して色褪《あ》せることはなく、近未来を描いたあまたある作品のなかでも唯一無二といえるアニメであるのは間違いない。

AKIRA

第3次世界大戦が勃発し1度は崩壊した東京だったが、復興後の2019年、「ネオ東京」では半年後にオリンピックが控えていた。金田は鉄雄たちと共に高速道路をバイクで疾走中に、奇妙な子どもに遭遇する。先頭を走っていた鉄雄がよけきれず転倒し負傷するが、そこに現れた軍の研究機関に連れ去られてしまう。

配給：東宝／公開：1988年7月16日／上映時間：124分／原作・監督・脚本：大友克洋／脚本：橋本以蔵／作画監督：なかむらたかし／声優：岩田光央・佐々木望・小山茉美・玄田哲章・石田太郎 他

『AKIRA』 4Kリマスターセット［Blu-ray］
発売元：バンダイナムコアーツ／販売元：バンダイナムコアーツ　価格：本体 10,780 円（税込）
©1998 マッシュルーム／アキラ製作委員会

28

日本アニメ史に刻印された史上最長の大河アニメ『銀河英雄伝説』

毎週VHSビデオ1本に1話ずつ収録されたアニメが自宅に届く――1話あたり2500円のウィークリーOVA（オリジナル・ビデオ・アニメーション）という販売形態は、おそらく後にも先にも『銀河英雄伝説』シリーズしか見当たらない。しかも原作の本編を4期に分けたこの形式の販売は、1988年に始まり97年まで継続。例えば、大河ドラマが9年間継続し、延べで110話放映されたような状態である。登場人物の多さから出演した声優数も膨大で非常に豪華なものになったため、アニメファンの間では「銀河声優伝説」として語り草となっているほどだ。

なぜこのような販売形態が生まれ、しかも継続したのだろうか。

原作は田中芳樹のベストセラーSF小説。数百人を超える登場人物やあまたの恒星系を舞台とする規模の大きさのためアニメ化の企画は難航を極め、当初もくろまれたテレビシリーズ放映も予算確保の問題などから一時頓挫した。それに代わって作成されたのが、そのパイロット版として主人公のひとりラインハルトが旗艦とする「ブリュンヒルト」の初陣となった惑星レグニッツァ上空の戦いと第四次ティアマト会戦を描いた作品だった。OVA版として作成されたその『わが征くは星の大海』はプロモーションとして劇場公開もされた。

その後、直接視聴者へ送付して中間コストを削減するOVA作品として、毎週VHSビデオ1本1話が届く通信販売として第1期シリーズが発売され、後に4話分を1本にまとめた店頭販売用のビデオ／LDが販売される。

これらの成功が、OVAシリーズとして第4期まで続く全110話、OVAオリジナルエピソードを含めた外伝2期の全52話、そして劇場版として公開された長編作品全3話という、OVAとしても他に類がない超大作シリーズが製作されることとなった。壮大な作品の世界観に引き込まれた多くのファンたちの「最後までアニメ化してほしい」という思いが、決して安くはないウィークリーOVAを支え、商業的成功と大長編が成立したといえる。83年の『ダロス』がOVAの第1号とされるが、今日まで「銀英伝」の規模と内容の豊かさを凌駕《りょうが》するものは現れない。

歴史書の体裁で綴《つづ》られた壮大なスペースオペラ

販売形態やその期間の長さ、一連の作品としての賞味期間など、多くの側面において日本アニメ史に残る存在である大長編アニメ『銀河英雄伝説』本編110話のあらすじと背景に触れる。

はるか未来の銀河系を舞台とした戦争の天才ふたり、銀河帝国ラインハルト・フォン・ローエングラムと自由惑星同盟ヤン・ウェンリーの両名を軸に物語は進んでいく。

後世の歴史家の視点から、対立する銀河帝国と自由惑星同盟、その間に暗躍する第三勢力・フェザーン自治領や地球教など、それぞれの陣営のイデオロギー、歴史、人物模様、権謀術数、宗教などが描き出される。また作中に現実の史実のエピソードを差し込んでいくことによって、架空ではありながらもあたかも歴史上の現実の人物を扱う歴史群像劇として語られていく。

地球から新天地を求め宇宙へと飛び出した人類は、数百年の後にも過去の歴史よろしく二大陣営に分かれ戦いを続けていた。ルドルフ・フォン・ゴールデンバウムを祖とするゴールデンバウム王朝の大貴族たちが支配する銀河帝国と、その政治犯として投獄されていた共和主義者アーレ・ハイネセンが脱出しロンゲスト・マーチと呼ばれる苦難の旅を乗り越えたどり着いた安定した恒星系に建てた民主共和制国家・自由惑星同盟である。二陣営に共通するのは権力を持つ者たちが掲げる思想傾向がおおむね腐敗しているという点だ。戦争が膠着《こうちゃく》状態に入り150年が経過したころ、両陣営に若き2名の英雄が登場することで宇宙の歴史が大きく動き出す。

登場する全ての人物にそれぞれの歴史や物語があり、誰もが非常に魅力的かつ人間くさく存在する。なにが正義でなにが悪かなど、単純な二元論を語ることは不可能。それぞれに大義があり、同じものを見ていても誰のどんな視点かによってまったく異なった印象を受けることになる。そんな、誰もが生きていれば当たり前に出会うことを作中何度も目の当たりにする。このさまざまな視点の存在こそが、後世の歴史家の観点・視点で物語が描かれることのメリットであり、視聴者は自然な流れで多角的に作中の人物や物事、歴史を見ることができる要因といえるだろう。

戦記物寄りの歴史小説の体裁で物語が進められるため、主要な登場人物があっさりと退場してしまう。準主役級の人物であっても容赦ない。ラインハルトの腹心であり唯一の親友キルヒアイスに至っては、第1期で早々に非業の死を遂げる。一方の主役ヤンでさえテロリストの凶弾に倒れ失血死する。その人物にどんな背景があろうと生きていたら歴史が変わったとしても、あたかも現実のごとく死は等しく訪れる。壮大な物語は最後にラインハルトの死を持って完結し、その後に残された次世代の人物がどのように歴史を動かしていったかなどは、作中の資料などでにおわさせる程度にすぎないという、まさに史書としての体裁をとる。

テレビアニメとしての『銀河英雄伝説』は、ＯＶＡ第1期リリース後にテレビ東京で夕方と深夜に放送され、地方局が続き、その後はＣＳ放送やＷＯＷＯＷなどで全話が放送された。近年、『銀河英雄伝説 Ｄｉｅ Ｎｅｕｅ Ｔｈｅｓｅ』が新たに原作の再アニメ化として制作・放送され、親子二世代・三世代と年齢だけでなく性別も問わない多くのファンを獲得するに至っている。

銀河英雄伝説

21歳の若さにして帝国元帥の地位を手に入れた銀河帝国のラインハルト、敗戦寸前の壊滅的状況下での自軍崩壊を辛くも防いで艦隊司令官に抜擢された自由惑星同盟のヤン。ふたりの天才用兵家を中心に数多くの魅力的な登場人物たちが描き出す銀河二大勢力の興亡が「銀河の歴史」を作っていく。

発売・販売：キティ・エンタープライズ（ウィークリービデオ）／話数：全26話（第1期）／通信発売開始：1988年9月～（第1期）／原作：田中芳樹／総監督：石黒昇／キャラクターデザイン：奥田万つ里 他／制作：キティフィルム 他／声優：堀川亮（現・堀川りょう）・富山敬 他

「『銀河英雄伝説』Blu-ray BOX STANDARD EDITION」全4巻［Blu-ray］
発売元：徳間書店／販売元：ポニーキャニオン／価格：本体20,460円～34,100円（税込）
© 田中芳樹・徳間書店・徳間ジャパンコミュニケーションズ・らいとすたっふ・サントリー　© 加藤直之

29

日米共同制作の一大プロジェクト。『NEMO／ニモ』に集った名人たち

高畑勲、宮崎駿、出﨑統……さらにはその先輩筋にあたる月岡貞夫や大塚康生といった日本アニメの有名人たちがいろいろな意味で関わった劇場アニメがある。1989年に公開された日米共同制作の『NEMO／ニモ』だ。制作期間15年、55億円にも達する製作費をつぎ込みながら、興行収入はその6分の1程度にしかならなかった壮大な失敗作として、アニメ史に残る作品となった。

原作はアメリカが世界の大国へと伸張していく05年～11年の『ニューヨーク・ヘラルド・トリビューン』日曜版に連載され、最終的には27年まで描かれた1話完結のファンタジー漫画『リトル・ニモ』。主人公の少年が眠りに落ちて、毎晩のように夢で世界中を周りながら冒険を重ねたあげく、ベッドから転がり落ちて目を覚ますという、当時のアメリカ人なら誰もが知る有名作品だった。一方で、かのウォルト・ディズニーが2度もアニメ化を試みながら果たせなかったという因縁の作品でもあった。この『リトル・ニモ』の映像権を手に入れたのが、日本のアニメ黎明期において5大制作会社の一角を占めた東京ムービーの藤岡豊。ディズニーと対等に競えるアニメを作って世界を相手に配給したい、という希望を持ってのことだった。

その夢を実現するためにどうしても欠かせないのが、豊富な資金と飛び切りのスタッフだった。

『リトル・ニモ』のアニメ化にスタッフとして参加し、完成まで見届けた日本屈指のアニメーター・大塚康生の回顧録『リトル・ニモの野望』（徳間書店）

日本国内でのスポンサー獲得に成功した藤岡が、フルアニメーションを作るために集めたのは、先に挙げた月岡や大塚、高畑や宮崎といった面々で、他にも近藤喜文や友永和秀といった名前も見える。アメリカサイドはさらに豪華かもしれない。当初、声をかけたジョージ・ルーカスこそ加われなかったが、『スター・ウォーズ』をプロデュースしたゲイリー・カーツ、『華氏451度』のレイ・ブラッドベリや『コナン・ザ・グレート』のエドワード・サマー、フランスの漫画家・メビウスまで参加したのだった。

しかし「船頭多くして船山に上る」のたとえ通り、時間のみ浪費したプロジェクトは空中分解寸前。どうにか作品は仕上がったものの、惨憺《さんたん》たる結末に変わりはなかった。ただし、完成した『NEMO／ニモ』が作品として失敗作ではなかったことだけが、わずかな救いだったかもしれない。

COLUMN

日本のアニメはメイド・イン・フランス!?

外圧至上主義の国ニッポン。今日では誰も疑わないようになった「クール・ジャパン」にまとめられる日本独自の魅力を、なぜそもそも海外から教えてもらわなければならないのだろうか。もっともこの言葉自体、2002年にアメリカのジャーナリストが使ったものが広まったという。

例えば、日本の漫画やアニメも同じ。今でこそ、他国に見られないユニークさが魅力になっているが、長い間、「ディズニー」には太刀打ちできないガラパゴスと卑下するような空気も多くあったのだ。ただし、それも誤解にすぎない。日本に限らず、韓国や台湾はもとより、ヨーロッパやアメリカ諸国まで巻き込んで勢いを増すコスプレを見ても、バトルヒロインや魔法少女といったアニメのキャラクターに萌《も》えるコスプレイヤーたちをより引きつけるのは、まさにそんな〝ガラパゴスアニメ〟の方だといえるのだから。

フランスのテレビ放送事情

例えばクール・ジャパンに熱中することに関しては、世界でも一二を争うフランスには、「MANGA」というフランス語がある。もちろん「漫画」をそのまま横文字にしたものだが、最初からの自国語だと思って使う子どもたちも増えている。実は

フランスの子どもたちを夢中にさせた伝説的番組『クラブ・ドロテ』

この国には１９８０～90年代にかけて『キャプテン翼』や『ドラゴンボール』『Dr.スランプ アラレちゃん』『ハイスクール！奇面組』といったアニメを自分の国のオリジナルアニメと信じて育った子どもたちが多かったのだ。

フランスでは90年代に入るころまで、テレビ放送に強い規制があった。放送局そのものが少なかったし、放送時間が限られて昼間は休止されたり、番組内容も決まり切った面白くないものばかりだった。そんななかで子どもたちが唯一楽しめたのが、アニメの放送だったというわけである。結果、連続で楽しめるようなアニメが必要になったわけだが、そこそこ安価で数が多く、子どもが喜んで夢中になりそうなラインナップがそろっていたのは、当時、日本のテレビアニメくらいしかなかった。

子ども向けだから当然吹き替え放送。主題歌もフランス語で歌われたから、ファンになった子どもたちは、なんの違和感もなくそれらの作品を「メイド・イン・フランス」と信じてしまった。

そんな傾向に拍車をかけて、80年代に大ヒットしたのが『クラブ・ドロテ』という番組だった。フランスの国営テレビ局TF1が87年に民営化した直後に看板番組の一つとして編成した新番組で、そのパーソナリティーとなって子どもの人気を一身に集めたのが、番組名にあるドロテという歌のお姉さんだった。

もともと80年代初めからアイドル歌手として活躍していた彼女は、すでに78年から別のテレビ局（アンテンヌ2）で同じような内容の番組を持って人気を博していた。外国の子ども向け番組を紹介する内容が主で、そこで取り上げられ人気コーナーとなったのが日本のアニメや特撮テレビドラマだった。その人気は作品だけにとどまらず、アニメや特撮キャラクターの関連グッツも爆発的にヒット。このころからすでに日本アニメはブームになりつつあったということが分かる。そしてドロテは最大の視聴率を誇るTF1に移籍し、自分の冠番組を持つことになったのである。

先に挙げた作品以外に放送された主な日本のアニメは『キン肉マン』『聖闘士星矢』『銀河鉄道999』『うる星やつら』『めぞん一刻』『北斗の拳』などがある。つまり、この時代の少年少女向けのアニメのほとんどが、大人になったフランス人たちにとっては思い出の「メイド・イン・フランス・アニメ」になっている可能性は十分にあると考えられるのだ。

第3章

INTRODUCTION TO JAPANESE ANIMATION HISTORY

日本アニメの最盛期

1990年代

30 メディアミックスの新潮流！『美少女戦士セーラームーン』の功績

「ごめんね素直じゃなくて」というフレーズを聴けば、誰もがあのアニメを思い出すだろう。これは１９９０年代の女の子たちが憧れ、社会的ブームにまでなった『美少女戦士セーラームーン』のオープニング曲の歌い出しだ。「月にかわっておしおきよ！」という決め台詞は、当時の少女たちがこぞって真似し、友達とのセーラームーンごっこでは誰が言うかで必ずもめたものだった。

原作は講談社の少女漫画雑誌『なかよし』で91年12月に連載開始。翌月にアニメ化決定が告知され、翌92年3月7日から東映動画の制作でテレビ朝日系での放送が始まった。

原作漫画・アニメ版共に97年まで続く人気作となり、アニメの最高視聴率は16・3％。世界40カ国以上で出版・放送され、全世界の単行本発行部数が３０００万部を突破するなど、海外での評価も高い。記憶に新しいところでは、ロシアのフィギュアスケーターであるエフゲニア・メドベージェワが、「ドリーム・オン・アイス２０１６」でセーラームーンの衣装で演技し話題になった。

作品終了後もスピンオフ制作やミュージカル、劇場アニメ、実写ドラマ、グッズ、ゲーム、ノベライズ、企業タイアップなど数え切れないほどの多種多様なメディア展開が行われ、日本アニメ史においてメディアミックスの代表的作品となった。

公開当時、漫画とアニメがほとんど同時進行となっていたことから、制作サイドは月1回の原作漫画と週1回のアニメ放映を両立させるため、さまざまなアイデアを盛り込んだ。原作にないオリジナルストーリーなどもその一つで、例えば、原作では主人公・月野うさぎがセーラームーンに変身した後、次々と仲間たちが加わるが、アニメでは1話でのセーラームーン登場から2話〜6話は中学生であるうさぎの等身大の姿を描き、8話で原作2話の内容にたどり着く。また、アニメのオリジナル回では、仲の良いクラスメートたちとのやりとりや敵組織の仲たがいなどのサイドストーリーを描くことで、作品の世界観全体に厚みを持たせて視聴者が感情移入しやすいようになっている。一方で、アニメと原作で設定変更されたキャラクターも少なくなく、媒体によって正反対の印象になっている例もあった。

さらに原作とアニメで異なる要素も数多く見受けられ、結果的に「シリアスで、セーラー戦士たちの戦いと運命にフォーカスした」漫画版と「明るくコミカルで、子どもたちに親しみやすい」アニメ版（ただしその最後には大きなどんでん返し）という違いが生まれ、放送終了後のメディア展開にまで大きな影響を与えた。具体的には、ゲームボーイやスーパーファミコンなどの家庭用ゲーム機向けに作られたゲームのほとんどはアニメ版をベースに作られ、実写ドラマやミュージカルの多くは原作漫画をベースにした物語が紡がれている。

同じコンテンツから派生しながら、「漫画」と「アニメ」で明確な差別化ができたことにより、作品のコンセプトやターゲットに合わせて柔軟にテイストを変え続けられるというアドバンテージも生まれたのだ。これが、同作品が長年愛され続けている要素の一つといえるだろう。

放送終了後も根強い人気は衰えず、2012年には、作品誕生20周年を記念して、ミュージカル公演の再開やファンクラブ開設、オフィシャルショップ「Sailor Moon Store」の開店、25周年時にはUSJとのコラボアトラクションが期間限定でオープンしていく。また、16年4月~6月に六本木ヒルズで開かれた「美少女戦士セーラームーン展」には、公開当時のファンだったかつての少女たちが足を運び、来場者数は30万人超を記録した。

アニメ作品では14年、原作の流れを忠実に描きながら、CGによる変身シーンを採用した新作アニメ『美少女戦士セーラームーンCrystal』がテレビ放送とWeb配信された。そして17年からスタートしたのが「美少女戦士セーラームーン25周年プロジェクト」。関連グッズや企業とのコラボグッズの展開でさらなる盛り上がりを見せ、20年から公開が始まった劇場版『美少女戦士セーラームーンEternal』では、原作の「デッド・ムーン編」を前・後編として公開。「夢」をテーマに、戦士でありながらひとりの人間として悩む主人公たちと、ちびうさの淡い初恋が描かれている。新型コロナウイルス流行の影響で前編の公開が20年9月から21年1月に延期されたが、コラボイベントやグッズの人気が衰えることはなかった。

実は「セーラームーン」が元祖となったのはメディアミックスだけではない。

平凡な女子中学生の主人公・月野うさぎがセーラームーンに変身して4人の仲間と共に悪に立ち向かうというストーリーは、原作者で特撮好きだった武内直子が「スーパー戦隊シリーズ」の要素

時代を超えてアニメファンの心を捉え続けた「セーラームーン」はアニメ誌の“顔”でもあった（写真は『アニメージュ』1922年10月号・2018年1月号）

を作品に取り入れたからだという。それまで人気の魔法少女アニメは特殊能力を持った主人公が日常の困難をひとりで解決するという内容がほとんどだったのに対し、明確な敵組織に対して女子がチームを組んで戦う、いわゆる「バトルヒロイン」と呼ばれるジャンルを切り開いたのは間違いない。セーラームーンの爆発的ヒット以降、東映アニメーションは魔法少女系の「おジャ魔女どれみシリーズ」、オリジナルのバトルヒロイン作品として「プリキュアシリーズ」などを制作し、いずれもそれぞれの時代の少女たちから高い支持を受けた。また、「セーラームーン」が連載されていた『なかよし』でも『ぴちぴちピッチ』や『東京ミュウミュウ』などの魔法少女ものやバトルヒロインものがヒットし、どちらもアニメ化にまで至っている。「セーラームーン」はそんな多くのアニメ・漫画の原点にもなっていたのだ。

31 世界四大国際アニメ映画祭における日本アニメ受賞作品の歩み

2002年、世界三大映画祭の一角を占める第52回ベルリン国際映画祭で、スタジオジブリ制作・宮崎駿監督の『千と千尋の神隠し』が最優秀作品賞の金熊賞を受賞した。アニメ映画がグランプリを獲得するのは同映画祭はもちろんのこと、カンヌ、ベネチアを合わせた世界三大映画祭でも初めてのことであった。本作は20年に『劇場版「鬼滅の刃」無限列車編』に抜かれるまで、20年近くにわたって日本歴代の最高興行収入記録を保持した。もちろん作品への評価も高く、金熊賞の翌年には第75回アカデミー賞でも長編アニメ映画賞を受賞、これも現在に至るまで日本のアニメとして唯一の偉業であり、他に海外映画祭で30近い賞を受賞している。

これは日本のアニメ映画が一般映画と同じ土俵でより高く評価された好例だが、実は、世界ではアニメ映画のための国際映画祭も数多く開催されており、そのなかでも歴史と実績からとくに権威あるものとして知られている四大アニメ映画祭が存在する。それがフランスのアヌシー国際アニメーション映画祭、クロアチアのザグレブ国際アニメーション映画祭、カナダのオタワ国際アニメーション映画祭、そして日本の広島国際アニメーションフェスティバルだ。

アニメ専門の国際映画祭の存在が一般に知られるようになったきっかけは、こちらも宮崎監督の

夜空の下で行われるアヌシー国際アニメーション映画祭の屋外上映会（出典:Wikimedia Commons）

作品である『紅の豚』だった。1993年のアヌシー国際アニメーション映画祭で、この作品が日本のアニメ映画として初めてとなる長編部門のグランプリを獲得したのだ。

『紅の豚』は東宝創立60周年の記念作品で、宮崎の前作『魔女の宅急便』に続き、劇場用アニメ映画の興行成績の日本記録を更新している。アヌシーでは、95年に高畑勲監督作品『平成狸合戦ぽんぽこ』がグランプリのクリスタル賞を受賞しているが、続く日本アニメのグランプリは22年後の2017年、湯浅政明監督の『夜明け告げるルーのうた』まで待たなければならなかった。

このアヌシー国際アニメーション映画祭は、1960年にカンヌ国際映画祭から分離する形で創設され、97年以降は毎年6月にフランス南東部の街、アヌシーで開催されている。

アニメのための映画祭としては世界で最も長い

歴史を誇り、フェスティバルの特徴の一つとなっているのは、市内の映画館での上映に加え巨大スクリーンで上映される屋外上映会だろう。さらに短編作品や長編映画、テレビ用作品などの多ジャンルのアニメ作品の上映だけでなく、見本市や国際会議、ワークショップなど、アニメに関連する多くのイベントが街中で開催される。

同じ6月に開催されるのがザグレブ国際アニメーション映画祭。こちらは72年から隔年開催されていたものが2006年から毎年の開催になり、当初は偶数年に短編、奇数年は長編映画が対象だったが、15年からはどちらも上映するようになった。日本のアニメは1984年に手塚治虫が監督した『ジャンピング』、2004年には『頭山』（山村浩二監督）、20年に『Just a Guy』（原翔子監督）がそれぞれ短編部門でグランプリを獲得している。

オタワ国際アニメーション映画祭は、1976年から隔年、2005年からは毎年9月に開催されている。短編部門では07年に『カフカ 田舎医者』（山村浩二監督）、15年に『帽子をかぶった小さな人々』（二瓶紗吏奈監督）がグランプリを受賞。長編部門のグランプリは、湯浅監督が17年に『夜は短し歩けよ乙女』で、岩井澤健治監督が19年に『音楽』で獲得している。

四大アニメーション映画祭のなかで最も歴史が新しいのが、1985年から隔年の8月に開催されている広島国際アニメーションフェスティバルだ。広島市被爆40周年記念事業の一つとして創設され、アメリカ・アカデミー賞公認となったフェスティバルで、テーマは「愛と平和」、エントリーは短編アニメ専門とされた。日本で紹介される機会が少ない、世界の最新短編アニメ作品の秀作が一堂に会する貴重な機会となっていたが、２０２０年の第18回フェスでいったん終了し、22年から後継のフェスティバルが開催される予定になっている。

第1回大会の参加エントリーは36カ国、３４９作品。そのなかからグランプリに選ばれたのは手塚治虫監督作の『おんぼろフィルム』。04年の第10回フェスでは山村監督の『頭山』、08年の第12回フェスでは同じく山村監督の『カフカ 田舎医者』がグランプリとなった。

海外制作のアニメ作品の興行が難しいとされる日本では、世界のアニメ映画の大きな流れを肌感覚で感じ取ることは難しい。だからこそ世界の映画祭での受賞作品をチェックしてみると、「世界ではどんな作品が作られ評価されているのか」が見えてくるはずだ。これらの映画祭の受賞作を追ってみるのも、アニメファンにとって楽しみが増えることは確実だろう。

紅の豚

ファシスト政権統治期のアドリア海。食い詰めた飛行機乗りたちは空賊（空中海賊）と化し、彼らを狙う賞金稼ぎたちが功を競っていた。かつてイタリア空軍の凄腕パイロットだったポルコ・ロッソも自分自身に魔法をかけ、豚の姿となって空賊たちを追う生活に明け暮れていた。

配給：東宝／公開：1992年7月18日／上映時間：93分／原作・脚本・監督：宮崎駿／作画監督：賀川愛・河口俊夫／声優：森山周一郎・古本新之輔・加藤登紀子・岡村明美・桂三枝・上條恒彦・大塚明夫・関弘子・稲垣雅之 他

『紅の豚』［DVD］
発売元：ウォルト・ディズニー・ジャパン／販売元:ウォルト・ディズニー・ジャパン／価格:本体 5,170 円(税込)
©1992 Studio Ghibli・NN

32 声優専門誌が相次いで創刊！時代のトップへ躍り出た声優たち

「声優」といえば、本来その言葉通り姿を見せず、「声」を使ってある特定の役を演じる仕事のこと。映像や音声作品の必要なキャラクターを声で演じる際には、その役に適したキャラクターを作ったり演じ分けを行う。その仕事には、広い意味でナレーションなども含まれる。

ただし、昨今は声優の活躍現場はアニメのキャラクターや外国映画の吹き替えなどから大きく広がり、インターネットニュースや動画配信サイト、ＹｏｕＴｕｂｅチャンネルなどにも進出。さらに「声」だけでなくテレビ番組に顔出しで出演しトークスキルを発揮したり、音楽アーティストと遜色《そんしょく》ないライブやコンサートの主役となる例さえ出てきた。声優という職業の境界が曖昧になり、アイドル化どころか、超人気マルチタレント化しているのが現実だ。

そんな現在につながる声優が注目を集めるようになってきたのは、主に１９５０〜60年代のテレビ放送が一般化してくるタイミングに重なる。民放テレビの創成期、大手映画会社の五社協定で日本映画のテレビ供給が停止したことからテレビ各社は海外ドラマや洋画の放送に力を入れ、その日本語への吹き替えに新劇系の役者や放送劇団の出身者が関わることになった。テレビや映画の俳優たちは、映画会社の契約に阻まれるなどしてその役割を果たせなかったのである。

いわゆる〝吹き替えもの〟の人気爆発と共に、第1次声優ブームが起こる。その中心となったのが、アラン・ドロンを持ち役としていた野沢那智で、追っかけファンなども登場した。ただ実際には新劇役者が日々の糧を得る手段として担当する例が多く、「声」を本来の仕事としてきた放送劇出身者などからは、その仕事内容を批判されることも少なくなかったという。

そんな状況を変えることになったのが70年代半ば、劇場版『宇宙戦艦ヤマト』のヒットから続いたアニメブームだった。大ヒットアニメの主人公たちの声を担当する声優たちに多くのファンが誕生するという第2次声優ブームが訪れた。このブームから現在の〝声優のマルチ化〟へとつながる流れも出てきた。例えば声優業と並行した音楽活動も活発化して、神谷明、古谷徹、古川登志夫、戸田恵子、潘恵子らの活躍が目立った。アニメの美男子キャラを持ち役とする神谷（バビル2世）、古谷（星飛雄馬、アムロ・レイ）、古川（カイ・シデン）らのバンド「スラップスティック」や潘（アンジェ、ララァ・スン）、戸田（マチルダ・アジャン、カララ・アジバ）といった面々はレコードを出せばヒット基準の1万枚をクリアしたという。なかでも潘恵子はアルバムを4枚発表し「元祖アイドル声優」と呼ばれるほどの活躍だった。声優養成所を立ち上げるプロダクションなども現れ、この時期には最初から声優としてのキャリアを目指す動きも一般化してくる。

そして「声優時代」到来を確信させたのは、この時代に次々と創刊されたアニメ雑誌がこぞって声優に誌面を割いたことだろう。『アニメージュ』の創刊編集長である尾形英夫は声優のアイドル化を編集方針の一つの柱として表明し、それに続く他のアニメ専門誌も同様の声優コーナーを設けたことで、声優の情報が定期的に一般ファンのもとへと届けられるようになっていった。

こうした流れから、89年にはアニメファンだけではなく一般にも声優人気を印象づけることになる声優ユニットが誕生する。草尾毅、佐々木望、竹村拓、中村大樹、西村智博による「NG5」だ。誕生のベースとなったのは88年放送のテレビアニメ『鎧伝サムライトルーパー』。美形キャラクターへの女性ファンの人気が、それぞれのキャラクターボイス担当の声優5人へと波及し、放送終了後も要望が多くユニットの結成となったのだった。大人気となったNG5はCD発表にとどまらずライブや握手会などで精力的に活動し、イベント終了後は参加したファンのなかから毎回号泣者や失神者が出て救急車が出動するようなことも度々起きた。その人気はニュースやドキュメンタリー番組にも取り上げられるなど、声優によるマルチ活動化の先駆者ユニットといえる。他にも林原めぐみ（女らんま、綾波レイ）、三石琴乃（月野うさぎ）など女性声優がレコード会社と直接契約を結び始めたのもこのタイミングだ。

同じように声優がラジオパーソナリティーとなったラジオ番組やパソコン&テレビゲーム、直接ファンの目に触れる機会も増えると共に、役者としての声の演技力だけではなく容姿の良さや歌唱力などといったアイドルに求められる条件が声優にも当てはめられるようになってくる。そんな声優への人気が定着化してきた時期を第3次声優ブームとすることも多い。

94年には初の声優専門誌『声優グランプリ』『ボイスアニメージュ』が相次いで創刊され、翌95年には初めて声優専門テレビ番組『声♥遊倶楽部』（テレビ東京系）が放送される。中学生でテレ

1994年に創刊された『ボイスアニメージュ』(1994年12月号)。一時休刊となったが現在は季刊で発行されている

ビアニメの主人公に抜擢される清水香里や坂本真綾なども現れ、97年には椎名へきるが声優出身の音楽アーティストとして初めて武道館単独ライブを開催するなど声優のアイドル化はさらに加速していった。

2000年代の後半からは、一部で第4次声優ブームという表現が用いられ始めるようになる。このころから子どもたちの「なりたい職業ランキング」の上位に声優が入るようになってくるが、それは間違いなく、声優という職業が一般に認知され定着した証左であろう。

時代背景の変化と共に、自らの姿を見せることなく映像や音声作品に「声」だけで出演する存在から、アイドル化を超えマルチで活動する職業と躍進した声優。アニメ映画が興行成績の上位を独占する時代、今後どのように進化していくのか、可能性はいまだ未知数といえるだろう。

33 第3次アニメ革命を引き起こした『新世紀エヴァンゲリオン』の社会現象

一口に「アニメ」といっても、その中にはいくつものジャンルが存在する。その一つが、「セカイ系」と呼ばれるものである。これは、主人公の日常生活や心情のありようが世界の危機などの大問題へと結びついていくストーリーを指す。有名な作品を挙げるとすると、一大ブームを巻き起こした『涼宮ハルヒの憂鬱』や『Ｒｅ：ゼロから始める異世界生活』がそれにあたる。そして、その元祖ともいうべき作品が、ガイナックス制作のＳＦアニメ『新世紀エヴァンゲリオン』だった。放送開始は１９９５年10月、今では庵野秀明の代名詞となった作品である。

舞台となるのは、大災害「セカンドインパクト」によって、全人口の半数が失われた世界だ。そこに人類に襲いかかる謎の敵「使徒」が現れる。対抗できる手立ては、汎用人型決戦兵器・エヴァンゲリオンのみである。物語では、そこに乗り込む主人公・碇《いかり》シンジをはじめとした、14歳の少年少女たちの戦いと葛藤、そして成長が描かれる。

社会現象となった問題作としても名高いが、企画当初は「決して売れないだろう」と散々な評価だった。ロボットアニメのスポンサーになることの多い玩具会社からは総スカンで、最終的にはビデオゲームと玩具ライセンスを取得することでセガが名乗りを上げ、スポンサーには角川書店など

2社がついたが、放映時の視聴率は決して芳しいものとはいえなかった。しかし、その後の再放送などによって、複雑で独特なストーリー展開が物議を醸し一気に注目されるようになる。主人公の自意識と世界の命運という両極端なテーマが連動するという物語の構造がかなり斬新だったことが要因といえるだろう。人気は国内だけにとどまらず海外にも波及し空前のヒット作となった。アニメ業界に多大な影響を与えたことから、「エヴァンゲリオン」は74年の『宇宙戦艦ヤマト』、79年の『機動戦士ガンダム』に続く、第3次アニメ革命を引き起こしたとまでいわれている。

一部には世紀の傑作と評され、唯一無二の作品のように語られることの多い本作にも、他作品からの影響は少なからず散見される。その最たる例が、庵野と親交が深い宮崎駿の『風の谷のナウシカ』だ。実は「ナウシカ」の制作には庵野当人も参加しており、「巨神兵がビームを発射しながら崩壊するシーン」の原画を担当している。その結果か、生体兵器である巨神兵とエヴァンゲリオンのフォルムは類似している。スタジオジブリのプロデューサー・鈴木敏夫は、エヴァンゲリオンを「巨神兵じゃん」と指摘、庵野は「あながち、間違いではないです」と答えており、「ナウシカ」が『新世紀エヴァンゲリオン』誕生の胚芽となったといっても過言ではないだろう。

また、庵野が高く評価する『機動戦士Vガンダム』に対し、「この作品にハマらなかったら僕は『新世紀エヴァンゲリオン』を作る前にアニメを辞めてたかもしれない、あるいは『エヴァ』みたいなものを作る気にはならなかったと思う」とコメントを残している。さらに『美少女戦士セーラームーン』への盲愛で同人誌を集めまくったほどの庵野は、主人公・月野うさぎの声を演じた三石琴乃を中心人物のひとりである葛城《かつらぎ》ミサトの声に起用。また、綾波レイの名前をセーラー戦士の火野レイから取っただろうと話題を集め、このことも多くのアニメファンを引きつける要素となった。「エヴァ現象」ともいわれた状況を生んだこの作品は、2007年からの新劇場版で復活し、さらに新たなファンを獲得するが、果たしてその魅力はどこにあったのか。

まず挙げられるのが、テレビアニメとしては類を見ない高い作画のクオリティー。さらにオタク心をくすぐるキャラクター造形に〝萌え系〟サービス演出ではないだろうか。番組最後の次回予告で三石琴乃が口にする「この次もサービス、サービスぅ！」というフレーズは大流行した。また本編に登場する「人類補完計画」などの言葉は、その意味や内容を場面からはくみ取ることができず、一つひとつが謎めいた伏線となって物語に緊張感を持たせていた。

ところがラスト2話、第25話「終わる世界」と最終話「世界の中心でアイを叫んだけもの」には、衝撃的な展開が待ち受けていた。シンジを中心に「集団カウンセリング」を思わせる予想外のシーンに、静止画にテロップとナレーションだけの絵、さらには絵コンテ、文字が書き込まれた台本までもが映し出される。まさに放送事故と捉えられてもおかしくないシーンの連続である。そして最終的には、各キャラクターの「おめでとう」という台詞が繰り返され、シンジは「ありがとう」と返答、そこで物語の幕は唐突に閉じられてしまう。

要は今まで張られていた全ての伏線や緻密なSFアニメとしての物語を放り投げたエンディングとなったのだ。これに視聴者が納得できるはずがなかった。そこから数多くの考察がなされ（いわ

日本アニメの特集では必ずトップ10の上位に選ばれる『新世紀エヴァンゲリオン』（写真は『芸術新潮』2017年9月号）

ゆる「謎本」も多数出版された）、結果的にアニメファンの話題といえばエヴァ一色となったのである。

しかし事実はより単純だった。その結末は制作スケジュールの崩壊と制作費が底をついたことからの苦肉の策であり、庵野自身、最終回には自ら実写で出演し謝罪する計画があったことを明かしている。これを受け、オリジナルとは異った結末でまとめる劇場版『新世紀エヴァンゲリオン劇場版 Air／まごころを、君に』が制作され97年に公開される。ところが本作もまた、明確な伏線回収のないままの幕引きとなり、未消化なままにエヴァブームはひとまず終了する。ただ、それでも不明確で謎の多いストーリーの完結を待ち続けるファンは多く、前述の07年から21年にかけて制作される『ヱヴァンゲリヲン新劇場版』へとつながるのである。

34 フルCGアニメ『トイ・ストーリー』が切り開いた映像技術の新次元

CG（コンピューター・グラフィックス）アニメは、今ではごく当たり前の存在となった。日本でも国民的アニメといえる『ドラえもん』が、2014年に初の3DCG版『STAND BY ME ドラえもん』として公開されるなど、急速に日本のアニメにもCG制作は浸透してきている。

フルCGアニメの先陣を切った作品は、ディズニー配給の『トイ・ストーリー』。全米公開は1995年11月（日本は96年3月公開）、劇場用映画としては世界初の長編CGアニメ映画だった。

アンディ少年のおもちゃたちのなかでも特別に愛されていた一体だったカウボーイ人形のウッディが、新たにやってきた最新型アクションフィギュアのバズと競い合う。ところがひょんなことから外の世界に出てしまった2体は家へ帰ろうと協力し合う……というストーリーだが、本作にフルCGが選ばれたのには理由があった。当時の技術では、まだ人間をリアルに描写することができず、かといって2Dアニメでは当たり前すぎる。そこで質感を十分に表現できるプラスチックのおもちゃが選ばれ、実写や2Dでは不可能な表現に挑戦したのだ。

本作が公開されるや、このまったく新しいフルCGアニメは全世界から驚きを持って迎えられ、大ヒットした。その勢いは凄《すさ》まじく、全米の興行収入で年間1位を記録。そしてアカデミー賞の4

アメリカ・カリフォルニア州にあるピクサーのスタジオ。『トイ・ストーリー』の成功は3DCGアニメの可能性を一段と広げた（出典:Wikimedia Commons）

部門にノミネートされただけでなく、監督のジョン・ラセターには「アカデミー特別業績賞」が与えられた。ＣＧ技術だけでなく、そのよく練られたストーリーは秀逸で、登場するのはおもちゃなのに人間味があり、そこには希望と夢があふれており、子どもから大人までが楽しめる。まさにアニメ史に特筆されるべき作品となった。

　ところで、本作はディズニー映画と銘打たれてはいても、制作したのはＣＧＩアニメスタジオのピクサーで、『トイ・ストーリー』は両社の共同制作である。結局は２００６年にディズニーの完全子会社となるピクサーだが、当初ルーカスフィルムの１部門として誕生し、やがて一時アップルを去ったばかりのスティーブ・ジョブズが買収し、ＣＧ専用ハードウェアとソフトの開発と販売を試みた。同事業が必ずしも芳しくなかったことから生まれたのが、ディズニーとの長編ＣＧアニメ映画の制作だった。

『トイ・ストーリー』の登場は世界中のアニメ制作に大きな影響を与える。それは独自の進化を遂げていた日本のアニメでも変わらなかった。

2Dと3DCGのハイブリッドに見る日本アニメの独自性

日本でも1980年代の初めからCGアニメの制作が試みられていたが、本格的な作品といえるのが95年に公開された押井守監督の『GHOST IN THE SHELL／攻殻機動隊』だった。3DCGを活用した精緻な表現が絶賛された。本作は翌年、アメリカ『ビルボード』誌のビデオ週間売り上げの第1位を獲得、ビデオとDVDを合わせた全世界での売り上げは130万本に達した。2008年になると押井の新作『スカイ・クロラ』の上映に際して、「攻殻機動隊」の新作カットとCG部分をリニューアルした『GHOST IN THE SHELL／攻殻機動隊2・0』が公開された。続編にあたる『イノセンス』（04年）を含め、一連の押井作品は従来の2Dと3DCGの〝ハイブリッド〟といえるもので、これからの日本アニメの新たな進化を予感させた。

「攻殻機動隊」の舞台は近未来。電脳化やサイボーグの技術が飛躍的に進化した世界だ（世界観のベースになっているのは世紀末の香港だといわれている）。サイバーテロなどの犯罪を未然に防ぐ組織「公安9課」に所属するのが主人公の草薙《くさなぎ》素子。物語は、電脳をゴーストハックして人形のように操る国際手配中の凄腕ハッカー「人形使い」と素子ら公安9課との対決が描かれる。その特殊な設定と近未来の世界を表現するにあたって3ＣＧによる映像は見事にマッチしていた。17年にはハリウッドで『ゴースト・イン・ザ・シェル』というタイトルで実写版でリメイクされた。スカーレット・ヨハンソン主演の本作には、ＶＦＸ（ビジュアル・エフェクツ）が使われ、アニメ版以上の近未来的な映像を完成させていると評価された。20年にはＮｅｔｆｌｉｘが『攻殻機動隊　ＳＡＣ＿２０４５』を全世界に配信する。こちらはシリーズ初のフル３ＤＣＧアニメーションで、前作以降の素子率いる元公安9課の関わる電脳抗争が描かれた。

「攻殻機動隊」に代表されるように、日本のアニメがセル画からＣＧへ変化する過程において、２Ｄと３ＤＣＧを組み合わせるハイブリッドなアニメが制作されてきた。だが、セル画の２Ｄで独自の画面作りに成功した日本においても、近年、テレビアニメを中心にフルＣＧが主流となり、その流れは劇場アニメにも確実に及んでいる。とはいえ、やはりこれまで蓄積された手描きの魅力は一朝一夕には価値を失わない。その大きな要因として挙げられるのが、『もののけ姫』や『千と千尋の神隠し』といった作品で空前のヒットを生み出してきたスタジオジブリの存在である。日本では、これらの成功に比肩するフルＣＧ作品がいまだ出現していない。それこそが、ＣＧへの完全な舵《かじ》切りがなされない今のアニメ界の現状につながっているようにも思われる。しかし、そんなジブリも21年には初の全編３ＤＣＧによる長編アニメ『アーヤと魔女』を公開することになった。果たして今後の日本アニメ界での作画技術はどのような方向へと向かうのか、ＣＧが完全にセル画を駆逐する時代は来るのだろうか。

35 天才監督のエッセンスが詰まった初監督作品『パーフェクトブルー』

芸能界を離れて久しい伝説の大女優が初めてインタビューを受ける。しかし訪問したスタッフたちは、やがて彼女の過去と出演作品が絡み合った謎の世界で、その一代記を体験していくという2002年公開の『千年女優』。翌年公開の『東京ゴッドファーザーズ』は、新宿の公園でホームレス生活を送る自称・元競輪選手、元ドラァグクイーン、家出少女の3人がクリスマスイヴにゴミ捨て場で拾った赤ん坊の親探しの過程で起きるさまざまな事件と奇跡の物語。そして06年、SF作家・筒井康隆原作で、夢のなかに入り込むことができる装置を使って悪夢に悩まされる患者の治療を行ってきた優秀なサイコセラピストが、盗まれた装置を悪用する事件に立ち向かい、犯人によって引き起こされる永遠の悪夢から抜け出すために苦闘する『パプリカ』が公開される。

そのどれもが、ファンタジー的なストーリー展開ながら、完璧なまでにリアリティーを持った世界が作り上げられている。〝現実性〟を綿密に追求することで、現実と妖しさの狭間へと観客を導き、そのくせ一瞬のうちにその虚構性を浮かび上がらせるのだ。

これらを監督したのが今敏。この3作を含むわずか4編の長編アニメ作品とほぼ1シリーズのテレビアニメのみを残し、10年、46歳であまりにも早く世を去った。米国『タイム』誌が選ぶ10年度

2014年10月～15年1月にかけて東京・杉並アニメーションミュージアムで「今敏 回顧展2014」が開催され、多くのファンが訪れた。ポスターは2008年に行われた展覧会の復刻版

の「パーソン・オブ・ザ・イヤー」に唯一の日本人として登場したことからも、世界からの注目度がうかがい知れる。

そんな今の監督デビュー作となったのが１９９７年公開の『パーフェクトブルー』だ。

キャリアのためにセクシー女優への転身を図る元アイドルが、ネットと現実のストーカーに狙われ殺人事件に巻き込まれるうちに、自分のアイドル時代の影に追い詰められていく。サイコホラーというアニメの新ジャンルに挑んだとされるこの作品は、カナダのファンタジア映画祭でグランプリを獲り、さらにいくつもの海外の映画祭で紹介され、一躍、今敏の名を広めた。リアルな人物描写と情景設定を駆使した斬新な表現で、観客を現実と虚構の合間にある不思議な世界へと誘い込み、最後に物語の落とし所を委ねる今のスタイル、その全てはこの作品のなかにあった。

36

新しい魔法少女の世界を開いた『カードキャプターさくら』の街

1990年代の魔法少女アニメを語るうえで『カードキャプターさくら』（CCさくら）は外せない。原作は女性漫画家集団CLAMPによる累計発行部数1700万部を超える大ヒット漫画。小学4年生の主人公・木之本桜が、自身が住む友枝町に散らばった魔法のカード「クロウカード」を集めるために奮闘するというストーリーで、アニメ版はマッドハウスが制作し、98年~00年にNHKで放送された。2016年、新たに「クリアカード編」の雑誌連載が決定するとツイッタートレンドで話題になり、18年には同シリーズがアニメ化されるなど、その人気は少しも陰らない。

そんな「CCさくら」には従来の魔法少女ものと異なった興味深い設定やストーリー構成が採用された。注目したいのは、物語が友枝町で始まり友枝町で終わる点だ。一般的な魔法少女ものでは、魔法の力は「外」から来る。しかし本作では主人公の自宅に眠っていた封印の本を開いたところから物語が始まり、学校や公園など身近な場所で事件が起こって物語が進行する。その結果、細かい街の描写によって親近感を感じるファンたちは回を追うごとに作品の世界に没入できるのだ。

魅力は他にもある。例えば主人公は魔法を使ったりカードを封印したりするときに変身バンクで華麗に変身……することはないが、代わりに親友・大道寺知世が趣味で作った衣装（バトルコスチューム）を着るのだ。そのバリエーションは動物をモチーフにしたものや西洋のファンタジーを意識したデザインなど多岐にわたる。場合によっては事前準備が間に合わず私服やパジャマ姿などで活動することもあるのはご愛嬌《あいきょう》だ。アニメ版で番組最後に流れるコーナー「ケロちゃんにおまかせ！」でも多種多様なコスチュームが紹介され、ファンの変身願望や乙女心をくすぐった。また、魔法がそれぞれ生き物のように意思を持ち、実体化した魔法がカードに封印されたときに名前を書くとその人物の言うことしか聞かなくなったり、アニメ版独自の設定でカードが自らの所有者を選ぶことがある……など、従来のアニメとは異った「魔法」が存在している点も興味深い。

「ＣＣさくら」は原作漫画が第32回星雲賞コミック部門を受賞、アニメも06年に「日本のメディア芸術１００選」のアニメーション部門に選出された。

カードキャプターさくら

主人公・さくらの前に現れた1冊の金色に光る本。その本に収められていたクロウカードが街へと飛び散ってしまう。さくらはクロウカードを捕獲するカードキャプターとなって、魔法を使って実体化したカードたちを再び集めようと奮闘する。

放送局：NHK 衛星第2テレビ／放送期間：クロウカード編（1998年4月7日～1999年6月22日・全46話）／さくらカード編（1999年9月7日～2000年3月21日・全24話）／原作：CLAMP／監督：浅香守生／シリーズ構成：大川七瀬（CLAMP）／キャラクターデザイン：高橋久美子（クロウカード編・さくらカード編）／声優：丹下桜・久川綾・岩男潤子・くまいもとこ・緒方恵美・関智一 他　＊第3期にあたる「クリアカード編」全22話が2018年1月7日から6月10日までNHK BSプレミアムで放映された。

『カードキャプターさくら』Blu-ray BOX & DVD BOX〈初回仕様版〉［DVD］
発売元：ワーナー・ブラザーズ／販売元：ワーナー・ブラザーズ／価格：本体 23,760 円（税込）
©CLAMP・ST・講談社／NHK・NEP

37 「ポケモンショック」からの大逆転劇。全米興行収入で8000万ドルを達成

世界中でファンを獲得し続ける人気アニメ『ポケットモンスター』(ポケモン)。主人公の少年・サトシの相棒となるピカチュウをはじめ、登場するポケモンたちとの出会いを通じて、少年少女たちが成長していく様を描いた物語だ。原作は任天堂などが発売するゲームソフトである。

そんな「ポケモン」は一方で、「ポケモンショック」と呼ばれた放送事故で、その後のテレビ視聴の環境を一変させたことでも記憶される。事故が起こったのは1997年12月16日、第38話「でんのうせんしポリゴン」の番組後半、背景色を激しく点滅させるストロボやフラッシングなどが多用され、光過敏性発作を発症する視聴者が続出したのだ。病院に運ばれた子どもたちは700人以上ともされ、世界のテレビ史上初のことだった。事件をきっかけに番組は約4カ月放送を休止。ゲームに続きアニメでも人気の絶頂を迎えようとしていた矢先のつまずきだった。

しかしその1年後の98年7月18日、「ポケモン」は逆転大復活を遂げる。劇場版アニメの第1作『劇場版ポケットモンスター ミュウツーの逆襲』が公開されたのだ。

「ポケモンショック」の記憶もあり苦戦が予想されたが、興行成績は98年度公開作品のトップを記録し、最終興行収入記録で70億円を超える大ヒットとなった。

スポーツ紙をはじめ新聞各紙がこぞって取り上げた「ポケモンショック」

さらに、その勢いは日本だけにとどまらなかった。映画の本場、最大の市場であるアメリカでも、日本映画史上初となる「週間興行ランキング初登場第1位」を成し遂げたのだ。全米興行収入は8000万ドルにも及び、「ポケモン映画全米制覇」とも報道された。

この記録は、2021年4月に『劇場版「鬼滅の刃」無限列車編』がアメリカで公開されるまで、20年以上にもわたってアメリカ市場で最も成功したアニメ映画であり日本映画であり続けた。そして19年には、本作のリメイク版で「ポケモン」初のフル3DCGで制作した『ミュウツーの逆襲 EVOLUTION』が公開され、こちらも大きな話題を獲得した。

もはや、世界共通のアイドルとなった「ポケモン」。想定外の事故がありながら、その快進撃が止まることはなかったのである。

38

新チャネル「深夜アニメ」の登場と台頭する製作委員会方式の功罪

　大人になったかつての子どもたちがアニメへ帰ってきた時代。それに応えたのが1990年代後半から各局が参入した通称「深夜アニメ」枠である。その特徴は少し哲学的であったり、大人が「ああ、ほんの少し前までこんな気持ちで頑張っていたよな。青春だったよな」と懐かしさを覚えたり、深夜枠ならではの実験的な描写があったり、一度の視聴では本質にたどり着けない難解なストーリーや従来ではアニメ化が難しいとされていた原作から生まれたものも数多く登場した。

　放送時期は、社会背景的に氷河期世代がちょうど社会人生活をスタートさせる時代でもある。自分ではどうにもならない理不尽さや過酷な労働がまかり通っていた。少し上の世代の〝楽しいオトナの生活〟に憧れ、そんな生活に加われるまでの数年を我慢すればいいという思いが崩壊した後の日常を送らなければならなかった時代だった。

　そんななか、帰宅してつけたテレビに映るアニメから、彼らが日常では得られない癒やしや普段経験できないワクワク感や好奇心を得たいと願うようになっていくのは、自然の流れだったろう。その当時の作品をいくつかピックアップし、試しに観てみればいい。どれかは必ず視聴者の心に刺さる作品があるはずで、そんな良作が次々と生み出された時代と言っても過言ではない。

深夜アニメの中でも最大級のヒットとなった『涼宮ハルヒの憂鬱』。その人気は社会現象化し、作品の舞台となった兵庫県西宮市には「飛び出し坊や」のハルヒ版も登場した

例えばいくつかの作品を挙げてみる。２００２年に放映された『灰羽《はいばね》連盟』は安倍吉俊の同人誌『オールドホームの灰羽達』をもとに構成されている。灰羽とは、オールドホームとは何なのか。穏やかな日常風景に垣間見える不可思議で不穏な描写は一体何なのか。最終話を観てもさまざまな考察が残り続ける作品で、海外での評価も非常に高い。次いで、天野こずえ原作の『ＡＲＩＡ』は05年から08年に第1期～第3期のテレビアニメ版が放映され、ＤＶＤ・ブルーレイ化、その後ＯＶＡや家庭用ゲームに拡大し、アニメ放送から約15年を経た21年には新作の劇場版も公開され、今なおファンから愛される作品となっている。また、ビジュアルノベルゲーム原作の『Ｆａｔｅ／ｓｔａｙ ｎｉｇｈｔ』は、当初、06年にテレビアニメ化。ゲームパート（ルート）ごとにアニメ化が進み20年8月の劇場版で完結している。それで

も この「Ｆａｔｅ」人気はとどまることを知らず、派生作品の人気も高い。リアルタイムでアニメを観ていないはずの次世代も巻き込み、現在まで年齢・性別を問わず常に新規ファンを獲得しつつ、その人気は衰えることがない。

他にも当時放映された作品にはそれぞれの根強いファンが数多く残っている。実際、多くの作品で新シナリオのスピンオフ作品や新作が登場し、劇場版などが新情報として公式サイトから発表されるとインターネットのニュースでトレンド首位になることも少なくない。また一方で、主力ファン層の年齢が上がったことにより、深夜アニメのＤＶＤ購入力がアップしたことも大きい。さらには、主にインターネットを中心としたサービスの利用で、時間に縛られることなく往時の名作を視聴する風潮へと推移もしてきている。

従来のアニメとは違う作風で大人が観ても楽しめるアニメ制作を可能にした背景として、「製作委員会方式」の存在は避けることができない。

アニメの製作には大きなリスクが伴う。とくに莫大《ばくだい》な製作費が必要となる映画の場合、もし当たらなければ資金を負担する製作元が倒産や吸収合併といった経営危機に追い込まれる例はいくらでもあった。それに加え、ケーブルテレビ・衛星放送・レンタルビデオ・インターネットなど配信手段の多様性に伴い、権利を巡る同業他社との競合が発生するリスクなども生まれてきた。これらリスクを分散回避させるための手法こそ、複数の企業がスポンサーとなる製作委員会方式といえる。

このシステムは90年代にもあったが、企画や協力表記のみで実体を伴わなかったという説や、手塚治虫が私財を投じた虫プロダクションがその原点であるという説など、製作委員会については諸説ある。もっとも実質的な委員会方式を採用し成功したきっかけは、1995年に放送された『新世紀エヴァンゲリオン』だったと考えるのが妥当だろう。「エヴァンゲリオン」の成功と共に「製作委員会」という名称が定着し、複数の分散出資企業によるアニメ産業への出資形態を製作委員会方式と呼称するようになったことは間違いない。さらにこの方式を採用することで、製作に関わるリスクが分散されたことで、同人誌や一部の層に人気があった紙媒体、ゲームなどを原作とする作品のアニメ化が可能になり、その結果が深夜アニメの作品の幅を広げるきっかけとなっていった。

メリットはさまざまある。企業1社ごとの資金の負担が少ないこと、出資企業とのタイアップが可能なこと、アニメキャラクターのグッズやゲーム、DVD、キャラクターソングの楽曲など作品隣接権の二次使用の利益が見込めることなどで、ヒットに結びつかなかった場合の損害を抑えられるだけでなく、利益確保の可能性も広がる。しかしデメリットも当然存在する。製作委員会は複数の出資団体が集まるため意見がまとまらずトラブルに発展することもあり、『けものフレンズ』の問題などがその代表例だろう。さらにクリエーターの労働環境の悪化が指摘されたり、ヒット確実なケースでは収益が分配されて少なくなるデメリットから、『ヱヴァンゲリヲン新劇場版』では原作者が権利を保持する動きも出てきた。

このシステムが将来的にどう変化していくかは誰にも分からない。しかし2000年代に良作を輩出させ、現在のアニメ産業に大きな影響を与えたその功績は忘れられることはないだろう。

39

TCGブームでよみがえった『遊☆戯☆王 デュエルモンスターズ』

昨今人気が加熱しているトレーディングカードゲーム（TCG）。起源はアメリカともいうが、日本で人気となったのは1996年から展開されている「ポケモンカードゲーム」あたりだろう。人気対象のゲームに移り変わりはあるものの、「ポケモンカード」には2018年の夏ごろから再度の大ブームが巻き起こり、商品の売り切れが続出。これが社会的に大きな話題となったことは記憶に新しい。この系統では他にも「デジモンカード」「金色のガッシュベルカード」など、それぞれ一世を風靡《ふうび》したものだけでも数多くの種類がある。そんななかで持続的な人気を保ち、現在何度目かの大きなブームとなっているのが、1999年にコナミから発売された「遊☆戯☆王 オフィシャルカードゲーム デュエルモンスターズ」だ。その人気は凄まじく、1枚数十万円以上の値で取り引きされるレアカードも存在する。

このTCGの原作は、高橋和希によるゲーム漫画である。いじめられっ子だった主人公・遊戯が、古代エジプトより伝わった闇のアイテム「千年パズル」を解いたことをきっかけに、心のなかに別人格を宿す。このもうひとりの遊戯が正義の番人となり、悪人に「闇のゲーム」を執行していくというのがストーリーの流れだ。そのゲームの多彩さと、作品のコンセプトとなった「主人公が

国内外を問わない圧倒的知名度を誇る「遊☆戯☆王」のカードゲーム。その人気はカードゲームにとどまらず、オンラインゲームでも世界を席巻することになった

人を殴らない格闘モノ」が広く受け入れられ、ダークファンタジー及びダークヒーローの要素を持った物語が大きな支持を得た。

初期の物語は1話完結で、遊戯が悪人相手にさまざまなゲームを繰り広げていく内容だった。しかし人気の低迷傾向に対し、好評だった架空のTCG「マジック&ウィザーズ」（M&W）を再登場させる。以降、ストーリー内のTCGを再現していく方向へシフトし、文字通りのカードゲーム漫画となっていった。

M&Wは、アメリカのウィザーズ・オブ・ザ・コースト社が実際に発売しているTCG「マジック：ザ・ギャザリング」（MTG）をモチーフとしている。これをもとに作られたカードゲームは多く、一時期は「第2の遊☆戯☆王」ともいわれた「デュエル・マスターズ」では、1部デザイナーが重なってMTGにあったギミックがアレンジされて投入されているほどだ。

こういった背景もあって、「遊戯王カード」の人気は爆発的に加速していく。2011年には、累計販売枚数251億7000万枚を突破。「世界一販売枚数の多いトレーディングカードゲーム」として、ギネス認定される。さらに13年3月には「参加人数が最も多いトレーディングカードゲームトーナメント」としても認定された。

アニメ化はこれまでに2回。最初が1998年のテレビ朝日系で東映動画（現・東映アニメーション）制作による『遊☆戯☆王』。本作は半年ほどで終了したが、TCGのヒットを受ける形でわずか1年半という短期間で、テレビ東京系からASATSU－DK系のNAS制作による『遊☆戯☆王 デュエルモンスターズ』が再び放送されることになった。そこから視聴者の中心層だった小中学生の間で「遊戯王カード」を使った対戦、いわゆる「デュエル」が大流行していく。その波は現在まで続き、当時の子どもたちは大人になっても『遊☆戯☆王』を忘れず、むしろコレクションという形での楽しみ方にシフトして、現役のカードゲーム世代とも楽しむようになってきた。

ちなみにアニメファンの間では、「デュエルモンスターズ」の番組の終わりに入るネタバレ予告も密かな話題となっていた。第128話の「城之内死す」は有名で、人気キャラクターの城之内に迫る危機をなんとか回避してほしいというファンの期待を予告の段階でズタズタにした。放送当日が日本初のカラー長編アニメ映画『白蛇伝』公開日と同日の「アニメの日」であることから、もう一つの「アニメ記念日」ともいわれる。

そして2016年には、オンラインのカードゲーム『Yu-Gi-Oh! DUEL LINKS』がリリースされる。これによりネット環境さえあれば、いつでもどこでも、世界中のデュエリストと対戦することが可能になった。21年現在、全世界での総ダウンロード数は1億4000万に達し、PvP（対人戦）デュエルが60億回、デュエリストが入手した総カード枚数は650億枚を突破しているというから驚きである。

現在『遊☆戯☆王』のカードコレクションに精を出している大人たちがシニアへ、アニメに心惹かれゲームに熱中する子どもたちが大人に、そして新たにファンとなる世代が登場してくるようになる。それでもTCGそのものをモチーフとする『遊☆戯☆王』の魅力は少しも変わらず時代を超えて愛され続けていくだろう。

遊☆戯☆王 デュエルモンスターズ

世界に4枚しかないとされるレアカード「青眼の白龍」。その3枚を入手した海馬は、残る1枚を持つ遊戯の祖父・武藤双六に勝負を挑み、勝利してレアカードを入手する。そこから、祖父にその奪還を託された遊戯の勝負が始まる。

放送局：テレビ東京系／放送期間：2000年4月18日～2004年9月29日・全224話／原作：高橋和希 他／監督：杉島邦久／キャラクターデザイン：荒木伸吾・姫野美智 他／声優：風間俊介・齊藤真紀・高橋広樹・近藤孝行・津田健次郎・竹内順子 他

『遊戯王 デュエルモンスターズ』TURN1［DVD］
発売元：キングレコード／販売元：キングレコード／価格：本体4,180円（税込）

COLUMN

『サザエさん』のギネス記録に見る日本の長寿アニメ番組たち

『サザエさん』が2013年9月に「もっとも長期にわたって放映されているテレビアニメ番組」としてギネス世界記録に認定されたとき、放送45年目に入っていた。番組がスタートしたのは1969年10月5日、19年の放送50周年の際には、さまざまな関連番組が放送されたのは記憶に新しいところだ。

テレビ業界では放送期間が10年以上続くものを長寿番組と称するようだが、考えてみれば日本には長寿アニメ番組が驚くほど多い。例えば、89年からアメリカで放送され海外では史上最長のテレビアニメと知られる『ザ・シンプソンズ』の放送が三十数年というから、『サザエさん』に次ぐ79年から放送開始の『ドラえもん』、88年から放送されている『それいけ!アンパンマン』はそれを超えている。

ちなみに日本アニメでその3作に続くのは、90年放送開始の『ちびまる子ちゃん』、92年からの『クレヨンしんちゃん』、93年からの『忍たま乱太郎』『しまじろう』シリーズとなる。比較的新しく感じる『名探偵コナン』『ポケットモンスター』『おじゃる丸』『ONE PIECE』でも、放送スタートから20年以上経過しているから、やはり長寿アニメ番組は日本の特徴といえるだろう。

長寿アニメに共通するもの

では、これらの長寿アニメに共通する要素はなんだろうか。

自明なことだが、ストーリーが続くことが第一の条件だ。例えば『サザエさん』や『ちびまる子ちゃん』でいえば、舞台となっているのが日常生活で、大事件がほとんど起こらない代わりに、毎日のさまざまなエピソードには事欠かない。また登場人物が多く、それぞれの視点やシチュエーションから話題が広がりやすくなっている点も有利だといえる。そう考えれば、先の『ザ・シンプソンズ』でも同じような共通点が見られる。

これは毎回、何らかの事件が起こる『名探偵コナン』や『ONE PIECE』にもあてはまっている。非日常を描くとは

『ONE PIECE』ワンピース piece.1［DVD］発売元:エイベックス・ピクチャーズ／販売元:エイベックス・ピクチャーズ／価格:本体5,280円（税込）© 尾田栄一郎／集英社・フジテレビ・東映アニメーション

『ちびまる子ちゃん』アニメ化30周年記念企画「さくらももこ原作まつり」[1]［DVD］発売元:ポニーキャニオン／販売元:ポニーキャニオン／価格:本体3,080円（税込）© さくらプロダクション／日本アニメーション

いっても、『名探偵コナン』では黒の組織、『ＯＮＥ ＰＩＥＣＥ』では宝にたどり着くまでは物語に終わりがないからだ。

次にファンの共感を得られやすい、というところもポイントだろう。これには視聴率も絡んでくるが、長寿番組とはいえ視聴者が離れてしまっては成り立たない。まる子のお調子者でだらしなくても、根本的に優しいところや、ドラえもんとのび太の友情やさまざまな「ひみつ道具」を見せてくれる点が重要になってくる。

長寿アニメのデメリット

もちろん、反対に長寿番組ならではの悩みも尽きない。よくいわれることだが、時代が進むことで時代設定的につじつまが合わなくなることだ。そもそも時代劇の『忍たま乱太郎』『おじゃる丸』や『ＯＮＥ ＰＩＥＣＥ』の空想世界であれば必要なくとも、『サザエさん』や『ドラえもん』などは放送開始から数十年経ってしまえば、世相や家族のあり方などに大きな変化があるのは当然だ。家では必ず和服姿の波平が54歳、フネが50ゥン歳（番組公式ＨＰ）と聞けば、誰もが驚くだろう。

そして番組の長期化によるスタッフ・声優の年齢もある。『サザエさん』や『ドラえもん』で何回か声優交代が行われたことはよく知られているが、それぞれに固定ファンがいるだけにそこも頭の痛い問題といえる。

とはいえ、次々と新たなアニメ番組が生まれる一方で、多くの長寿番組が継続できる現状は、やはり日本のアニメの豊かさを実感するうえでも高く評価できるポイントではないだろうか。

第4章

INTRODUCTION TO
JAPANESE ANIMATION HISTORY

日本アニメの過渡期

2000年代

40 初のWebアニメが登場！『無限のリヴァイアス イリュージョン』

2000年6月、アニメの世界に新たな媒体が加わった。劇場映画アニメ、テレビアニメ、OVA（オリジナル・ビデオ・アニメーション）に次ぐWeb配信である。ただし、そのスタートはしごくささやかなものでしかなかった。

これまでもインターネットを使った自主制作アニメの発表など、作品を自由に公開できる場として、その可能性が広く知られていたWebは、通信環境の急速な整備と通信の容量アップに伴って、商業用のアニメ作品を配信するための媒体として十分機能できるまでに成長していた。そして実際、ネットを通じて初めて世間の目に触れるアニメが登場する。1999年10月からテレビアニメとして放送されていた『無限のリヴァイアス』の番外編と銘打って、『無限のリヴァイアス イリュージョン』が配信されたのだ。

オリジナルの『無限のリヴァイアス』は、ジュール・ヴェルヌの『十五少年漂流記』やウィリアム・ゴールディングの『蝿の王』をモチーフにしたSF版漂流群像劇。キャッチコピーは「俺達には救いなんかいらない」だった。大規模な太陽フレアによって地球上の半分が壊滅した世界で、衛星軌道上にあった航宙士養成所から外洋型航宙可潜艦「黒のリヴァイアス」に避難した少年少女

487人の物語だ。救いを求めて太陽系惑星圏で彼らが続ける逃避行と、リヴァイアス艦内の閉鎖的な環境と極限状態のなかで生き抜く少年少女たちの人間関係・心理描写が描かれている。当然のようにその内容は重くシリアスになる。結果的に視聴者の気持ちを落ち込ませる〝鬱アニメ〟として有名になってしまった。

ところが一方の「イリュージョン」と銘打たれた番外編には、本編の重苦しい不安や凄惨《せいさん》さは一切見られない。

「ｓｅｒｅ1」から「ｓｅｒｅ6」までの全6話で構成され、各話に「ｓｅｒｅ1 おひさしぶりね」「ｓｅｒｅ2 ちゃんとしましょう」「ｓｅｒｅ3 いいかげんにしなさい」「ｓｅｒｅ4 もうかりまっか？」「ｓｅｒｅ5 ひやしちゅうか、はじめました」「ｓｅｒｅ6 もう、やりません」といささかふざけたタイトルがつく。1〜5はミニエピソード4話、6のみ特別編として6つのミニエピソードが並ぶ内容だ。もちろん本編のキャラクターたちが登場するのだが、その姿はＳＤキャラの3頭身に変えられており、全体を通じたコンセプトは「くらい話はナッシング！　むかつく話もナッシング！　底抜け明るいリヴァイアスイリュージョ〜ン!!」と楽屋ネタ、内輪ネタ、キャラネタ満載で本編のシリアス度を見事に中和する内容となった。テレビとＷｅｂ配信の2媒体で異なったテイストで作り上げる新たな展開の可能性が垣間見えたのは確実だった。

本作の登場からすでに20年以上が過ぎ、すでに超巨大な媒体へと成長したネット配信。しかし、本編と組み合わせたこの〝原始〟Ｗｅｂ配信の持つ魅力はいささかも色褪せない。

41 ファンの心に寄り添ったジュブナイル魔法少女アニメ『おジャ魔女どれみ』

「おジャ魔女どれみシリーズ」は、テレビ朝日系の日曜朝（通称・ニチアサ）放送で1999年〜2003年にわたって16クールも続いた。

登場人物の年齢や環境に変化がない長期シリーズが多いなか、『おジャ魔女どれみ』では放送時期に連動した季節の移ろいが描かれ、主人公たちもそれに合わせて成長する。魔法以上に家族や学校などの人間関係や心の機微にフォーカスしたストーリーが、同じ思春期にあった子どもたちに響いた。とくにそれぞれに家庭事情が複雑な主要メンバーの4人（どれみ、はづき、あいこ、おんぷ）や、帰国子女のももこが転校先でカルチャーショックに悩んだりする姿には、胸が締めつけられるような気持ちになる。また、親たちが子どもたちの将来を案ずるが故に失敗してしまったり、魔女たちが自分で自分の生き方を選んだりするシーン（魔女界ではなく人間界で暮らす、自らの意思で魔法を使うのをやめる）など、魔法だけでは解決できない理不尽さや不条理さをキャラクターたちが乗り越えていく姿は、大人が観ても考えさせられるものだった。

「10代で口ずさんだ歌を、人は一生、口ずさむ」という有名な広告コピーがあるが、当時の子どもたちにとってジュブナイルとなった『おジャ魔女どれみ』は、高い支持を受け続け、放送20周年記念プロジェクトの一つとして、20年11月に映画『魔女見習いを探して』が公開された。しかし主人公はどれみたちではなく、かつて『おジャ魔女どれみ』を観ていた20代の女性3人。それぞれが人生に行き詰まっているなか、作品ゆかりの地を旅しながら子どものころの自分を振り返り、魔女見習いたちが伝えてきた大切なことを思い出していくというストーリーとなった。

オリジナルスタッフが再集結して制作されたこの作品は、大人になった当時の子どもたちを励まし、さらにその気持ちに寄り添おうとする姿勢がうかがえる。他にも、成長したどれみたちが再び魔女見習いになって活躍するライトノベルも刊行されているように、『おジャ魔女どれみ』から派生したそのシリーズは、あのころの子どもたちの心の支えになっているのだろう。視聴者と共に成長していくアニメは少なくない。しかしここまで寄り添った存在は希有《けう》といっていい。

おジャ魔女どれみ

主人公・春風どれみは手違いで魔女を魔女ガエルに変えてしまい、元に戻すために魔女として修行をすることに……。どれみの周りに友だちが次々と加わり、さまざまな困難や理不尽さに立ち向かっていく。

放送局：朝日放送・テレビ朝日系／放送期間：第1期（1999年2月7日～2000年1月30日・全51話）／原作：東堂いづみ（東映アニメーションの共同ペンネーム）／シリーズディレクター：五十嵐卓哉（第1期～第4期）他／キャラクターコンセプトデザイン：馬越嘉彦／声優：千葉千恵巳・秋谷智子・松岡由貴・宍戸留美・永澤菜教・高村めぐみ 他 ＊第2期（2000年2月6日～2001年1月28日・全49話）／第3期（2001年2月4日～2002年1月27日・全50話 ）／第4期（2002年2月3日～2003年1月26日・全51話）。

『おジャ魔女どれみ』VOL.1［DVD］
販売元：東映／発売元：東映ビデオ／価格：本体 7,480 円（税込）

42 「2・5次元ミュージカル」まで生んだ『テニスの王子様』のメディアミックス

テニスのアニメといえば、女子が主人公なら『エースをねらえ！』、男子なら『テニスの王子様』（テニプリ）がそれぞれ代表作だろう。1999年から『週刊少年ジャンプ』で連載が始まった「テニプリ」はコミック累計発行部数6000万部を超える大ヒット作となるだけでなく、「2・5次元ミュージカル」という新たなコンテンツを生んだことでも知られる。

アメリカでテニスのジュニア大会4連続優勝という実力の主人公・越前リョーマが、日本のテニス名門中学に入学。一癖ある仲間たちと共に並み居る強豪校と競い、全国大会優勝を目指すストーリーだ。登場する中学生たちが美少年ぞろいだったため女性人気が高いが、同作でジュニアテニス人口が激増、プロテニスプレイヤーの錦織圭が多大な影響を受けたことでも有名だ。

多くのヒット漫画と同様にメディアミックス展開されたテニプリは、2003年のゴールデンウィークに東京芸術劇場で初の舞台化『ミュージカル テニスの王子様』（テニミュ）を上演する。以前から二次元作品の舞台化はあったが、「男性のみのキャスト」「少年漫画を舞台化」「スポーツもの」というのは前代未聞。ところがまるでキャラクターが漫画から飛び出したかのような演者の姿と、テニスボールの動きや試合の流れを多彩に演出する照明効果、そしてキャッチーな音楽に魅

ミュージカル『テニスの王子様』『新テニスの王子様』公式サイトより

了された観客の口コミから評判が拡散。今では通算公演回数1900回、累計動員数290万人を突破し、公演チケットがプラチナチケットとなるまでに成長した。その過程で2・5次元ミュージカルという存在自体が認知され、最近は漫画・アニメに加え、人気のスマホアプリゲームを原作にしたものや海外公演に結びつく作品まで登場するなど、その可能性は広がり続けている。

実は「テニミュ」の功績はそれにとどまらない。若手俳優の登竜門という位置づけで、舞台出演がブレイクの足掛かりになるケースも多い。城田優や斎藤工はテニミュ出身だし、テニミュ↓特撮↓ドラマという流れもあり、瀬戸康史（『仮面ライダーキバ』）や志尊淳（『烈車戦隊トッキュウジャー』）たちはその代表例といえる。『テニスの王子様』が想像もできなかったメディアミックスの門を開いたことは間違いない。

43 実写コーナーで囲碁人気沸騰！ゲーム化にまで広がった『ヒカルの碁』

アニメには時折、ブームの域を超え社会現象を巻き起こすだけの力を持つ作品が登場する。平成初期の『ＳＬＡＭ ＤＵＮＫ』はバスケットボールを一躍人気スポーツに押し上げ、中期の『涼宮ハルヒの憂鬱』はその後のラノベ文化の礎を築いたとまでいわれている。それは２００１年から放送された『ヒカルの碁』も同じだろう。伝統的で古くさく、年配の人の趣味というイメージだった「囲碁」を舞台に、少年の成長を描いて大ヒットした。当時「将棋までは知っているが囲碁は分からない」という人がほとんどのなか、前例のなかった囲碁の世界を描き、この競技を幅広く知らしめるにとどまらず、将棋と並ぶ人気ゲームにまで押し上げることになったのである。

囲碁に目覚めた少年の成長物語は、平安期の天才棋士・藤原《ふじわらの》佐為《さい》の霊が出現するところから始まる。非業の死を遂げ、江戸時代の棋聖・本因坊秀策《ほんいんぼうしゅうさく》にも取り憑《つ》いて手を貸したという佐為により、なんの知識もない主人公のヒカルが囲碁の世界に引き込まれ、ふたりで「神の一手」を目指して数多くの対局に臨むことになる。

本作はストーリーの魅力はもとより、緻密で繊細な作画と練られた構成によって、キャラクターたちの表情や感情などがダイレクトに伝わり観る者を惹きつけた。そして、なにより大切なポイントとして、まったく囲碁を知らない視聴者でもこのゲームを楽しめる要素が豊富に用意されていたことが、ヒットにつながった。アニメ放映後は、人気と共に囲碁への認知も高まり、小中学生を中心にブームを巻き起こした。「ヒカルの碁スクール」なる囲碁教室が、全国各地に展開。日本棋院も全面バックアップをしており、作中にも棋院内部や関連施設、イベント案内などが登場する。なかにはこの作品をきっかけに、プロ棋士になった者もいるほどである。

本編後には『GOGO囲碁』という実写のミニコーナーも用意された。これは、原作の監修も務めた女流棋士・梅沢（現・吉原）由香里が、少年少女ふたりに囲碁の簡単なルールを解説し実践させるハウツーもの。その効果もあって囲碁の話題が一世を風靡したものの、本来の裾野の狭さから一過性のブームとなってしまったのが惜しまれる。

ヒカルの碁

運動好きで頭を使うことは嫌いというごく普通の小学校6年生・進藤ヒカルは、祖父の家で古い碁盤を見つける。その碁盤には平安時代の天才棋士・藤原佐為の魂が宿っていた。佐為の囲碁への想いに心を動かされたヒカルは、何も知らないまま囲碁の世界に飛び込んでいく。

放送局：テレビ東京系／放送期間：2001年10月10日～2003年3月26日・全75話（＋スペシャル＋特別編）／原作：ほったゆみ・小畑健／囲碁監修：梅沢由香里／監督：西澤晋 他／キャラクターデザイン：本橋秀之 他／声優：川上とも子・千葉進歩・小林沙苗 他

『ヒカルの碁』Blu-ray BOX 出会い編［Blu-ray］
発売元：エイベックス・ピクチャーズ　販売元：エイベックス・ピクチャーズ／価格：本体 19,800 円（税込）
© ほったゆみ・HMC・小畑健・ノエル／集英社・テレビ東京・電通・ぴえろ

44 観客動員数2350万人！『千と千尋の神隠し』が日本映画に与えた衝撃

現在、日本のアニメで唯一アカデミー賞の長編アニメ映画賞を獲得しているのが『千と千尋の神隠し』。第52回ベルリン国際映画祭でも最優秀作品賞の金熊賞を授与されている。公開は2001年、監督は宮崎駿だ。興行収入は日本でトップの304億円（当時）。この記録は20年に『劇場版「鬼滅の刃」無限列車編』によって更新されるまで、20年近くにわたって首位を堅持した。

この記録達成はスタジオジブリの歴史とも重なる。例えば、前作『もののけ姫』は動員観客数1420万人、興行収入も200億円に迫り、それまで『E.T.』の持っていた記録を更新した。一方でこの大ヒットは、邦画界に予期せぬ影響も及ぼした。ヒットを予測されていた他作品の興行が伸び悩んだのである。なにしろ、興行収入300億という数字は1年に公開される全ての邦画を合わせた額に相当。映画関係者は困惑し、その後の邦画制作の方針にまで影響したという。

2350万人もの観客を動員した本作の魅力はどこにあったのだろうか。物語は、主人公の千尋が迷い込んでしまった異世界、そこで八百万《やおよろず》の神が身体を休める「油屋」を中心に繰り広げられる。この油屋とは〝湯屋〟を暗示する名称であり、人間界での銭湯を示している。

江戸時代、温泉宿では客の身体を洗う仕事があった。「千と千尋」に登場する少女たちは、その湯女《ゆな》がモデルとなっている。そして彼女たちは時に娼婦でもあった。作中で千尋は「千《せん》」となり、名前を取り返すまで、元の世界に戻ることはできない。これは、日本の風俗産業において古くから使われてきた〝源氏名〟に酷似する。

このように過激な暗喩を取り入れながらも、現代社会に生きる少女の成長物語をファンタジーとして昇華させた希有な傑作といえるだろう。そしてなにより特筆すべきは、難解になりがちな内容を子どもたちも十分に楽しめる作品になっているところだ。

宮崎はこれまで思春期前後の少女に向けた作品を手掛けたことがなかったということもあり、彼女たちに向けて映画をプレゼントすることが目標と明言している。本作は、大人が堪能できる内容であると同時に、その目的を果たすことができた作品となったのだ。

千と千尋の神隠し

10歳の少女・千尋は、両親と共に引越し先のニュータウンへと向かう途中、森の中の奇妙なトンネルから通じる無人の街へ迷い込む。そこには八百万の神が暮らす、人間が足を踏み入れてはならない世界だった。本作は2016年に行われた「スタジオジブリ総選挙」で最多得票数を獲得している。

配給：東宝／公開：2001年7月20日／上映時間：125分／原作・脚本・監督：宮崎駿／プロデューサー：鈴木敏夫／音楽：久石譲／声優：柊瑠美・入野自由・夏木マリ・内藤剛志・沢口靖子・上條恒彦・小野武彦・菅原文太 他

『千と千尋の神隠し』［DVD］
発売元：ウォルト・ディズニー・スタジオ・ジャパン／販売元：ウォルト・ディズニー・スタジオ・ジャパン／価格：本体 6,600 円（税込）
©2001 Studio Ghibli・NDDTM

45

日本のアニメを世界に向けて発信する「東京アニメアワードフェスティバル」

3月といえば「東京アニメアワードフェスティバル」（TAAF）の季節だ。「東京がアニメーションのハブになる」を合言葉に、世界中のアニメ作品を上映することで、ファンやクリエーターらアニメを愛する人々に刺激と感動を提供し、それを新たなアニメの動きとして東京から世界へと発信する国際アニメーション映画祭だ。

2002年、石原慎太郎都知事（当時）の「日本のアニメーションを世界に発信し、商取引の場を」という提案のもとに、東京・有明の東京ビッグサイトで開催された「東京国際アニメフェア」（スタート時は「新世紀東京国際アニメフェア21」）内でのイベントだったものが、一時イベントから分離したコミック10社会（当時）中心の「アニメ コンテンツ エキスポ」と再合併してTAAFとなった経緯がある。

映画祭と並んで、アニメファンたちが注目しているのが「東京アニメアワード」。こちらは過去1年間に制作されたアニメ作品やアニメ関係者を表彰するもので、フェスの目玉の一つとして開催前月の2月に発表される。

第1回グランプリ受賞作はスタジオジブリの『千と千尋の神隠し』、第2回に『花田少年史』『千

「東京アニメアワードフェスティバル2022」の公式サイトより。次回は2022年3月に東京・池袋で開催される

年女優』『戦闘妖精雪風』、第3回『機動戦士ガンダムＳＥＤ』などと、後年から見ても非常に重要な作品の受賞が続いた（現在、名称は「アニメオブザイヤー部門」に変更）。スタート時から拡大してきた審査部門は、現在では未興行作品を対象とする「長編・短編コンペティション部門」、テレビ放映・劇場公開された作品を対象とする「アニメ オブ ザ イヤー部門（作品賞・個人賞・アニメファン賞）」、「功労部門」となっている。

各賞の選考は、第一次選考が一般のファンによるもので、現在、特設ホームページからのＴｗｉｔｔｅｒを利用したひとり1票の投票によって１００作品が選ばれ、第二次選考としてアニメ関係者の投票により各賞が決定するという形になっている。なかでも長編・短編アニメ作品のコンペティション部門は日本ではこのアワードのみ。誕生からすでに20年、春から始まるアニメの季節の幕開けを飾るイベントの目玉として多くのファンの注目を集めている。

46

新たなアニメ映画の担い手が登場。『ほしのこえ』の新海誠が目指したもの

昨今のアニメ人気の急拡大には、目を見張らされる。この要因の一つに挙げられているのが、Ｎｅｔｆｌｉｘをはじめとするサブスクリプションの登場である。しかし、その一言で片づけてしまうのは、あまりにも軽率すぎるのではあるまいか。実際、ブームともいえるその基礎には新たなアニメーターの台頭があったことが確実だからだ。

その筆頭は新海誠だろうが、他にも例を挙げれば、京都アニメーションの石原立也監督作品『涼宮ハルヒの憂鬱』が歴史的ヒット作となり、京アニ共々大ブレイク。熱狂的なファンを持つ『銀魂』第１００話で監督デビューした藤田陽一は、２０１５年に『おそ松さん』を手掛け、『銀魂』を引き継いだ宮脇千鶴も、劇場版『銀魂 ＴＨＥ ＦＩＮＡＬ』（21年）で歴代シリーズ最高収益を記録している。こうして数え上げればキリがないが、彼らの中で一躍トップに躍り出た新海に戻れば、16年公開の『君の名は。』、次作の『天気の子』が共に興収１００億円を突破している。ただし、その原点は02年公開の『ほしのこえ』。東京・下北沢のミニシアター1館のみの上映だったことも新世代らしさにあふれている。

この物語は近未来を舞台に、宇宙に旅立った少女と、地球に残った少年の遠距離恋愛がテーマと

なっている。ストーリーの重要ポイントとなっているのが、携帯電話の「メール」だ。刻々と少しずつ、やがて大きく離れていくふたりの距離、最終的にそれは8光年にも達してしまう。時間の流れが異なる宇宙と地球で、メールが届くのが大幅に遅れるようになる。届くかどうかさえも分からないメッセージに込められた、切ない愛の現代性は間違いなく21世紀のものだ。ワープを繰り返し、はるかに遠い存在となったふたりだが、中学3年生で別れてから約8年後、少年が24歳になったとき、8年前に送られた15歳の少女からのメールが届く……。

監督・脚本・演出・作画・美術・編集など、この『ほしのこえ』のほぼ全ての工程をひとりで担当したのが新海だった。約7カ月間をかけ、25分余りのフルデジタルアニメ作品を制作したというのだから、驚きである。ミニシアターで細々と始まった本作の話題は、やがてネット上の口コミから急激に拡散して大評判となり、発売されたＤＶＤは6万本以上の売り上げを記録する。続く監督作品、04年公開の『雲のむこう、約束の場所』は初の長編作となり、第59回毎日映画コンクールアニメーション映画賞を受賞。これは、宮崎駿監督の『ハウルの動く城』、押井守監督の『イノセンス』などを抑えての快挙だった。

その後も勢いは止まらず、『秒速5センチメートル』や『言の葉の庭』などのヒット作を立て続けに発表し、そして『君の名は。』につながるのである。こちらは事前の予想をはるかに超えた社会現象となって、新海の名を際立たせることになるのだが、本作ついては、第5章で紹介させていただくこととする。

47 世紀末に爆発的に増加した深夜アニメは「クール・ジャパン」への土台となった

平日夕方や週末の朝に放送されるテレビアニメ（全日帯放送）は、ファミリー向け、とくに少年少女が楽しめるシンプルで分かりやすい内容が中心だ。一方、遅い時間の「深夜帯放送」は大人向け、お茶の間には流せないようなある種アングラな作品から始まった。１９６０年代〜80年代は5分前後の短編作品が多く、盛り上がりを見せたのは90年代後半以降だが、内容はまだまだ放送倫理に引っかかからない程度のお色気やバイオレンスが描かれたアニメだった。

第3章でも触れているが、そんな深夜帯放送が一気に市民権を得るのが２０００年代の半ば。少子化の時代と、漫画やアニメが子ども向けとは限らなくなってきたことが背景にあった。各テレビ局も深夜アニメ枠に「ノイタミナ」（フジテレビ）、「アニメリコ」（ＴＢＳ）、「スーパーアニメイズム」（ＭＢＳ／ＴＢＳ）といった独自のレーベルをつけて放送を始めるようになる。結果的に作品内容のバリエーションが広がり、一般社団法人日本動画協会の『アニメ産業レポート２０１６』によると、15年には全日帯と深夜帯の制作分数が逆転する。アニメの海外販売が増えたのも同時期であり、深夜アニメは、やがて日本のアニメが「クール・ジャパン」として海外からもてはやされる土台を築いたともいえるだろう。

深夜アニメの代表格といえば、１６４ページで詳述している京都アニメーション制作による『涼宮ハルヒの憂鬱』や『らき☆すた』『けいおん！』であり、社会現象となるほどのヒット作を連発して世界中に名が知られたのは言うまでもない。他にも深夜アニメで実績を作り、映画やテレビアニメ、ＣＭ作品などへと事業を拡大したプロダクションは数多い。また、『ハチミツとクローバー』や『ちはやふる』『テルマエ・ロマエ』などの人気漫画を原作とした実写版の映画がヒットしているが、いずれも先に映像化されたのは深夜枠のアニメ版だった。

模型雑誌『電撃B-magazine』(1998年7月号)に掲載された当時の深夜アニメに関する記事

しかし一方で、深夜アニメはＤＶＤ・Ｂｌｕ－ｒａｙなどの〝円盤〟の売り上げを視野に入れて予算組みを行うため、通常よりも低予算になりがちとなる。逆にいえば、円盤売り上げの可否が続編制作への生命線になるため、アニメ化されるのは売れる見込みの大きい作品に偏りがちになっている。近年流行している（売り上げ予想が立てやすい）ライトノベル系の作品や「異世界転生系」をはじめ、「妹系」「日常系」など、特定のジャンルの作品が目立つように思えるのは、このような仕組みがあるからなのだ。

48 「プリキュアシリーズ」が破壊したジェンダーロールという名の呪縛

テレビ朝日系の日曜朝（ニチアサ）といえば「プリキュアシリーズ」。初代『ふたりはプリキュア』から最新作の18作目『トロピカル〜ジュ！プリキュア』までの18年間、今もニチアサの最多話数を更新し続けている。これほど続いた少女アニメのシリーズは他に類を見ない。

これほど支持され続ける理由には、従来のバトルヒロインものとは異なったコンセプトが大きく影響している。スタートは2004年2月、普通の女子中学生・美墨《みすみ》なぎさと雪城《ゆきしろ》ほのかが、光の園からやってきた妖精ミップルとメップルから伝説の戦士・プリキュアに変身する力を与えられるところからストーリーが始まる。その作品コンセプトは「女の子だって暴れたい」。本作のプロデューサー・鷲尾天《たかし》（東映アニメーション）は次のように述べている。

「『ヒロインもの』ではなく『ヒーローもの』／これまでのヒロインと違う点は武器や道具を一切使わないこと。これは珍しい。魔法の杖も不思議なブレスレットも持ってない。自分の手で、脚で、相手を追い詰めなければならない。これぞアクションの王道！」（一部略）

『美少女戦士セーラームーン』のタキシード仮面のような〝か弱い女の子を守ってくれる王子様〟は現れないし、『おジャ魔女どれみ』の森羅万象を自在に操れる不思議な力も持ち合わせない。描かれるのはプリキュアたちによる手に汗握る肉弾戦で、心身共にボロボロになりながらも凛々《りり》しく立ち上がって戦い続ける姿は、従来のヒロイン像を刷新した。

このようなコンセプトはコスチュームデザインにも反映している。なぎさが変身するキュアブラックは黒を基調にピンクと白がアクセントとして使われたへそ出しミニスカートスタイルだが、スカートの下にスパッツを履き、足元はヒールのないブーツといった運動性を重視したデザインに仕上がっている。ほのかが変身するキュアホワイトは白と水色をベースとしたデザインで、優雅で洗練された印象を受けるものとなっている。他の多くのアニメと比べれば、そんなふたりのスタイルは視覚的に地味だと感じられるかもしれない。しかし裏を返せば、そこにも「可愛いだけがヒロインじゃない」というメッセージが込められていると受け取れるはずだ。

ところで第1話でプリキュアとなった主人公たちだが、クラスは違うし決して最初から仲が良かったわけではない。ファンの間で伝説となっているのが、第8話「プリキュア解散！ぶっちゃけ早すぎ!?」だ。お互いを気遣ったつもりがちょっとしたすれ違いでケンカしてしまったふたり。なぎさがほのかに向かって「あなたとはプリキュアってだけで、友だちでもなんでもないんだから!!」と言い放つシーンは、視聴者に衝撃を与えた。

実は、物語の設定には「ふたり一緒でなければ変身できない」という制約があり、このままでは戦えない。両人がそれぞれの性格や好みが違うことに悩みつつも、それを受け入れることで最終的に仲直り。そしてこの第8話以降、「美墨さん」「雪城さん」の〝さん〟づけ呼びから、「なぎさ」「ほのか」と下の名前でお互いに呼び合うようになった。本当の友だちになれた瞬間である。

ふたりはプリキュアであること以外は普通の中学生。それ故の心理的描写や葛藤が繊細かつリアルに描かれている点もまた、「プリキュアシリーズ」が今もファンの間で高く評価され続ける大きなポイントとなっている。

「プリキュアシリーズ」は6作目の『フレッシュプリキュア!』から、1年単位でストーリーとヒロインを一新するスタイルとなった。アニメ版のプリキュアは現在で総勢68人。結果的にそんなスタイルが、時代の変化に合わせた作品作りを可能にしているのは確かだろう。

例えば11作品目となる『ハピネスチャージプリキュア!』では、レギュラーメンバーの4人以外に海外諸国で活躍しているプリキュアが登場する。そして、そのコスチュームは当然のように、各国のカルチャーや民族衣装などをモチーフとしたデザインになっているのだ。また、15作目『HUGっと! プリキュア』では、プリキュアになる主人公が以前通っていた学校でいじめられていたころの描写や、ジェンダー差にとらわれず自分らしさを追求する少年・若宮アンリがシリーズ初の男性プリキュア・キュアアンフィニに変身するなど、その時々の社会問題を取り込んだ内容が盛り込まれている。また、作中でこそ明言されてはいないが、17作目の『ヒーリングっと♥プリキュア』には、ドジっ子の平光ひなたが発達障害(ADHD)を思わせるような言動をしていることから、ファンの間でさまざまな憶測が生まれたことも触れておいた方がいいだろう。

シリーズ全体を通して振り返ってみても、「女の子だから」「男の子だから」というセリフは一切登場しない。また、68人のプリキュアたちのなかでの序列は存在せず、先代のプリキュアが登場する作品でも現役を自分たちと対等に扱っている。劇場版アニメで前作のプリキュアが集結したときも、先輩後輩といったやり取りはほとんどなく、共闘する仲間というポジションで登場しているのは一貫している。

その方向性については、鷲尾プロデューサーが自身の過去の経験をもとに「女の子向けアニメはこういうものだ」という決めつけをなくし、自立するのが大切という点を表現したかった、と語っている。ダイバーシティーが重要視される現代社会において、これからも時代が求める多様性の表現と可能性に挑み続けていく「プリキュアシリーズ」は、アニメの新たな可能性の最前線に立ち続けることは間違いないだろう。

ふたりはプリキュア（参照）

世界を闇に染めようとする悪の勢力・ドツクゾーンから、世界の命運を握るプリズムストーンを奪還せよ。性格も得意なことも違うふたりの主人公・美墨なぎさと雪城ほのかが力を合わせ、その目的達成に向けてプリキュアとなって活躍していく。

放送局：ABCテレビ・テレビ朝日系／放送期間：『ふたりはプリキュア』（2004年2月1日～2005年1月30日・全49話）／原作：東堂いづみ（東映アニメーションの共同ペンネーム）／シリーズディレクター：西尾大介／キャラクターデザイン：稲上晃／声優：本名陽子・ゆかな・関智一・矢島晶子 他 ＊『ふたりはプリキュア Max Heart』が2005年2月6日～2006年1月29日・全47話で放送された。

『ふたりはプリキュア総集編 ～ぶっちゃけ、ありえな～い!? 2020 edition～』[DVD]
発売元：マーベラス／販売元：ポニーキャニオン／価格：本体 5,170円（税込）
© 東映アニメーション

49

アニメソングが夏の季語となった！
初のアニソン・ライブステージ誕生

2005年7月10日、東京・国立代々木競技場第一体育館でまったく新しい形のステージが産声を上げた。アニメソングの祭典「Animelo Summer Live（アニメロサマーライブ）」、通称「アニサマ」が開催されたのだ。

オープニングは奥井雅美と水樹奈々のコラボ曲『TRANSMIGRATION』、知る人ぞ知るラジオ番組のイメージソングだった。続いて奥井が『少女革命ウテナ』のオープニング『輪舞-revolution-』などをソロで3曲。ステージ前半では石田燿子が『OPEN YOUR MIND〜小さな羽根ひろげて〜』（『ああっ女神さまっ』オープニング）、米倉千尋が『機動戦士ガンダム第08MS小隊』のオープニングテーマ『嵐の中で輝いて』、下川みくにが『フルメタルパニック！』のオープニング『tomorrow』などを歌い会場を盛り上げた。また、一般のアーティストでは愛内里菜が参加、『名探偵コナン』のオープニングなどを披露した。

一方の男性は少数精鋭という表現がふさわしく、アニソン界のプリンスといわれた影山ヒロノブが『ドラゴンボールZ』のオープニングテーマから始め、この日最年少だった鈴木達央、高橋直純、きただにひろしらが盛り上げ、アニソンシンガーグループのJAM Projectも大活躍を見

2005年7月に開催された「アニサマ」はその後、声優ファンやアニメファンにとって欠かせないイベントとなった

せた。そんな熱いステージのトリを務めたのはやはり水樹奈々。『魔法少女リリカルなのは』の挿入歌『Ｔａｋｅ ａ ｓｈｏｔ』などのソロ3曲を歌い切った。アニサマの見所であるアーティスト同士のコラボレーションも含め全40曲、アンコールの最後は出演者全員がアニサマのテーマ曲『ＯＮＥＮＥＳＳ』を歌い切り、4時間という開演時間は瞬く間に終わった。

アニソンは今やアニメの一部という枠から飛び出して、独自のマーケットを築くまでになった。レーベルやジャンルの壁を乗り越えてアニソンを存分に楽しめるアニサマは、当初、主催のドワンゴが企画した携帯電話向けのアニメソングコンテンツを配信するイベントからはるかに成長し、毎年夏に開催される世界最大のアニソンのライブイベントとなって、その魅力を今も世界へと発信し続けている。

50

日本アニメ界の一流ブランドとなった京都アニメーションのクオリティー

かつて「ここだけ作画が良すぎる！　誰が見ても一目で分かるこのクオリティー……」と口々に評価したアニメがあった。現在に至るまでその作画の安定した美しさとこだわりに、目の肥えたアニメファンから絶大な人気を誇る、京都アニメーション（京アニ）の担当部分のことだ。

京アニは子育て中の母親たちが作り上げた会社といっても過言ではない。創業者の八田陽子が子どもを育てるかたわら、近所の主婦たちに開講していたアニメ塾がその原点となった。アニメ制作会社としては非常に珍しく社内に託児所が併設されていることも、このことからうなずける。

最大の特徴は1話ごとのグロス請けをせず、完全自社元請け制作中心であることであろう。グロス請けとはアニメシリーズの数話を、元となるアニメ制作会社が別のアニメ制作会社に下請けに出すことだ。京アニも当初はサンライズ、ぴえろ、タツノコプロなどからの下請けを行っていた。その評判の高さは冒頭で述べた通りだが、2005年の『ＡＩＲ』全話を元請制作したところ、同時期に制作されたアニメ作品を圧倒するその出来栄えに、京アニの名は一気にブランド化した。

Ｋｅｙが制作した大人向けの恋愛アドベンチャーゲーム『ＡＩＲ』のアニメ化には賛否両論があった。舞台は鄙《ひな》びた地方の港町。そこに訪れた人形を操る青年は、幼いころ、亡き母から語られた「今も空にいるという翼を持った少女」を密かに探している。そしてそれは港町で出会った少女によってかなうことになる……といった三部構成のファンタジーである。

『ＡＩＲ』は東映アニメーションによって劇場版アニメが制作されたが、原作を大きく脚色したことでゲームファンからの支持を得られず失速している。そのため京アニ制作のテレビアニメ版も放送直前まで風当たりが強かった。Ｋｅｙの作品は恋愛劇にファンタジー要素を絡めた作風だ。感動に特化したシナリオと自社レーベルの美しい音楽と巧みな一枚絵で根強いファンが多く、「泣きゲー」というジャンルの草分け的存在である。そんなことから「Ｋｅｙのアニメ化は無理」という声が多かった。しかし、そんな逆風から一転、テレビアニメ版は大人気を博し、放送翌年の夏には特別編が前後編で放送されることとなる。徹底した作画の美しさと原作をよく知り作品愛が強い人物を脚本（志茂《しも》文彦）に置ける自社元請が功を奏したのだ。「大手制作会社が作ったときと違い、原作に忠実かつ作画のクオリティーが素晴らしかった」とファンからも納得のいく仕上がりに、05年アニメＤＶＤ売り上げランキング年間2位を記録する大ヒットアニメとなった。

自社元請けの強みは制作会社が良いと評価した作品を迷いなく手掛けられるところにある。現在、ライトノベルをアニメの原作にするのは当たり前となっているが、かつてはファンタジー要素が強い作品を原作とすることが主流で、当時ライトノベルで人気が出ていた「日常系」と呼ばれるジャンルでのアニメ化はなされなかった。大手制作会社が「そんなゆるい日常をダラダラ描いた作品をアニメにしても華がなくウケるわけがない」とする一方で、京アニはいち早くこの新ジャンルに挑戦する。谷川流《ながる》の「涼宮ハルヒシリーズ」を原作とする『涼宮ハルヒの憂鬱』がそれだ。

涼宮ハルヒが設立したSOS団のメンバーを中心に展開し、ごく普通の男子高校生・キョンの視点で物語が進行する本シリーズは、原作の表紙カバーに記載されている通り「ビミョーに非日常系学園ストーリー」である。当時の地上波アニメとしては作画や構成を含め高度なクオリティーが話題となったばかりか、エンディングでキャラクターを踊らせたことが、インターネット動画配信サービス、とくに人気だったニコニコ動画の「踊ってみた」やMADムービーなどで流行。そこからアニメを視聴する、アニメから原作小説を読んでみるといった新たな流れを生み出した。他社が動画の削除要請に躍起となるなか、それを逆手に取りある程度黙認した京アニは、ネットユーザーを初めて意識した存在と言っても過言ではない。06年上半期の話題作としてDVDはもちろん、原作小説、SDなど関連商品の売り上げも高水準であり、動画配信サービス面では、「涼宮ハルヒシリーズ」を出版する角川GHDのYouTube公式チャンネル「角川アニメチャンネル」発足のきっかけともなった。

こうしてメディアミックスの新しい形に先鞭《せんべん》をつけた京アニは、日常的非日常の作品からより日常に近い漫画のアニメ化に着手する。『けいおん!』である。

『けいおん!』は本格的なバンド活動の描写よりも、メンバーたちののんびりとした日常を描写することに視点を置いた4コマ漫画だが、アニメ版では、より日常描写に多くの作画枚数を割くことで、登場人物の何気ない仕草《しぐさ》や目線の動き、心の動きまで推察できる生命感のある描写がなされ

2019年（令和元年）7月19日 金曜日

朝日新聞

アニメ会社放火 33人死亡

41歳男確保 殺人容疑で

京都・ガソリンまく？ 17人が

京都アニメーション

赤毛のアン

2019参院選 投開票まで 2 日

消費増税 与野党真っ向対立だけど	3
夫婦別姓も争点に	4
記者歴34年 変わる政治の風景	27
テレビ報道が低調	29
高等教育無償化 大学生も訴え	30

オピニオン＆フォーラム・社説・声

社説　夫婦別姓と参院選／米大統領の差別発言
耕論　安倍外交 夏の宿題　12.13

韓国利下げ「徴用工」譲らず

2019年7月18日、京都アニメーションの第1スタジオが放火され、社員36人が死亡、33人が重軽傷を負う痛ましい事件が起きた。京都アニメーションの損失は甚大で、事件後はファンはもとより、各企業や業界団体からの支援が行われた（出典:『朝日新聞』2019年7月19日付）

た。さらに背景や楽器、小物にも同様に力を入れた結果、キャラクターが使用した楽器が在庫切れになり、楽器店などが作品によせたイベントを行うなど、その影響のほどは計り知れないものとなった。関連楽曲のCD売り上げも好調で、アニメ第1期終了時点で総売上枚数は100万枚を突破。アニソンやキャラクター名義CDとしては史上初のチャート首位獲得といったオリコン史に残る記録も樹立する。

作画の美しさに注目されることが多いだけでなく、アニメ業界に加え出版、音楽、インターネットなど、幅広いジャンルに新しい風を吹き込んだ京都アニメーション。そんな多種多様な業界への多大なる影響も合わせたものが「京アニクオリティー」といえるのではないだろうか。そして、それは日本だけではなく、海外においても確実に根づき発展を続けている。

51

『涼宮ハルヒの憂鬱』がもたらした深夜アニメとラノベの革新的転換

２００６年に放送された『涼宮ハルヒの憂鬱』は、深夜アニメがニッチな業界から脱出するきっかけとなった作品だ。当時、一般にはまだ知名度が低かった京都アニメーションが制作し、独立ＵＨＦ局を中心とした11放送局の深夜枠で第１期の14話を放送。異例のクオリティーで話題となり、動画配信サイトＹｏｕＴｕｂｅで拡散、ＤＶＤをはじめ、原作のライトノベルやＣＤなどの関連商品の販売に波及した。07年には第2期の制作が決定、09年には新作を加えた全28話が放送され、翌年『涼宮ハルヒの憂鬱 Ｂｌｕ‐ｒａｙコンプリートＢＯＸ』発売と続き、社会的にも〝ハルヒ・ブランド〟が加速する。そこには『涼宮ハルヒの憂鬱』が有する革新性と同時にヒットにつながるだけのいくつもの条件が備わっていたのだ。

まず原作としたライトノベル（ラノベ）というジャンルを一気に一般化させたこと。１９８０年代にすでに登場し、２０００年代までには数多くの作品が発表されるようになっていたにもかかわらず、一部ではラノベは「オタクが萌え要素をぶち込んで、小説というジャンルを汚したもの」と依然として捉えられていた。「ハルヒ」はその状況を一変させるきっかけを与えた。

実は現在もラノベには明確な定義はない。①中高校生が読みやすい。②漫画・アニメ風のイラストが表紙や挿絵に使われる。③登場人物の発言や心境を表すシーンでフォントが意図的に変更されている、といった共通点が多いとされる程度だ。別の見方をすれば、若者の活字離れが問題視されるなか、年齢層のニーズに合わせて明るくポップに読みやすいよう工夫を凝らしている小説ともいえる。「ハルヒ」は原作が世に出回り内容が知られている点を踏まえたうえで、アニメ化にあたり時系列の入れ替え以外は原作にほぼ忠実に制作されたという。それがラノベ版の古参ファンから、アニメで知った新参ファンまでを納得させ、アニメオリジナルストーリーも原作者・谷川流の書き下ろしというこだわりが、大ヒットにつながったといえるだろう。

学校一の変人と呼ばれる少女ハルヒは、自らSOS団（世界〈S〉を大い〈O〉に盛り上げるための涼宮〈S〉ハルヒの団）を勝手に立ち上げ、物語の語り手となるキョンをはじめとする生徒4人を巻き込む。日常をほのぼのと楽しむはずが、実はキョン以外はハルヒが会いたがっていた宇宙人（長門有希）、未来人（朝比奈みくる）、超能力者（古泉一樹）だった。実は、ハルヒのなかには世界を自分の思いのままに変えてしまう巨大な力が眠っており、3人はそれを目覚めさせないために密かに監視する役割を担っていたのだ。そんななか、ハルヒは自身の能力に気づかないまま日常・非日常的に騒動を巻き起し、キョンの苦労が絶えない日々が続く。

アニメでも王道の学園日常系ものかと思いきや、宇宙人同士の対立や時間移動などのSF展開がアツい。原作者の谷川は影響を受けた作家に菊池秀行や夢枕獏、アイザック・アシモフなどを挙げており、唯一全員の秘密を知ったキョンがいかに降りかかる困難をくぐり抜けていくかも見物だ。

またハルヒは「ツンデレ」を世に知らしめたヒロインでもある。ツンデレとは、普段のツンツンした冷たい態度にもかかわらず、ふとしたきっかけで甘えたり優しくなったりして（デレて）しまう性質のこと。「あまのじゃく」や「とっつきにくい」「ぶっきらぼう」な人種だが、アニメや漫画では好きな人の前で素直に振る舞えないキャラクターに設定されることが多く、今やその数は計り知れないほど。ハルヒのツン度はかなり高く、思いを寄せるキョンに対して攻撃的な言動が目立つ。その一方でキョンがみくると付き合わないように何かにつけて画策する不器用かつ健気な姿は、多くのオタクのハートを撃ち抜いた。

ハルヒ役声優の平野綾は「第1回声優アワード」で新人女優賞を獲得する実力と可愛らしい容姿で一躍人気となり、現在のアイドル声優の元祖となった。さらに杉田智和や小野大輔、茅原実里、後藤邑子など、現在人気を誇る声優たちがメインキャラクターを務め、彼らも作品のヒットと共に知名度を上げていった。

さらにエンディング曲『ハレ晴れユカイ』に合わせて登場人物がダンスする「ハルヒダンス」も流行した。このエンディングのために作画枚数1000枚以上が費やされたというが、その甲斐あってか、アニメ放送とほぼ同時期にリリースされた動画投稿・配信サービス「ニコニコ動画」に「踊ってみた」とタグづけられた動画が多数投稿された。ダンスと動画投稿の相性の良さが証明され、現在ではアニメに限らず実写ドラマでもエンディングのダンスシーンが一般化する。

もう一つ革新的だったのは、新エピソードが追加された第2期で、夏休みをエンドレスにループ

『涼宮ハルヒの憂鬱』の特集記事が掲載された『月刊ニュータイプ』（2008年7月号）

するストーリーに合わせて、「エンドレスエイト」という異色の内容が放送されたこと。なんと第12話〜第19話で放送されたのがほぼ同じ話だったのだ。それでもアフレコは使い回しせず8回分撮り、各回ごとに作画や演出、登場人物のセリフも微妙に変えていた。だが新エピソードの追加が目玉で始まった第2期なのに、半分以上が同じ話で良いのか？　飽きるという反応の一方で、毎回異なる点を間違い探しのように楽しむ者もおり、ファンの間では賛否が分かれた試みとなり、話題を盛り上げたことは確かだった。

　かつての深夜アニメはアングラな作品が多かった。そんななかに登場したのが、このラブコメ要素を含みつつも本格ＳＦミステリーとしても楽しめる「ハルヒ」だった。その新たな風は強烈な勢いを得て、深夜帯のみならずアニメ全体の視聴者層の拡大に貢献することになったのだ。

52 傑作小説・大ヒット映画をしのぐアニメ版『時をかける少女』のきらめき

青春SFアニメの傑作と絶賛されるのが、2006年公開の『時をかける少女』だ。原作は筒井康隆のSFジュブナイル。1972年に『タイムトラベラー』としてドラマ化されて以降、83年公開の大林宣彦監督・原田知世初主演作など、これまで9回にもわたって映像化されている。

キャッチコピーの「待ってられない 未来がある。」からも想像できるように、俗にいう「タイムリープ」ものだ。高校2年の主人公・紺野真琴は、理科室の黒板に「Time waits for no one」(時は誰も待たない)という英文を見つけるが、そこに現れた人影に驚き転んでしまったことをきっかけに、時間を飛び超えて過去に戻る力を手に入れてしまうのである。このタイムリープの力で妹が食べてしまったプリンを取り返し、男友だちの間宮千昭や津田功介との野球を繰り返しては好プレイ連発と、何気ない日常を満喫する。しかし、ループには限界があった。残り回数が底をついたとき、彼女は自分にかけがえのない時間と存在があったことに気づく。

主人公の真琴は原作の主人公・芳山和子の姪《めい》という設定。同じタイムリープに巻き込まれ同じような青春の恋心を抱きながらも複雑にリープする物語は現代的だ。監督は人気作を多数手掛ける細田守。なかでもこの作品の評価は高く、国内外における映画・アニメ賞などで23冠を獲得、細田の出世作となった。だが公開当初の興行規模はミニシアター並み、上映館も全国21館のみだった。しかし、インターネットなどの口コミから話題となり、着々と動員数を増やして9カ月にわたるロングランヒットとなった。

実は本作の制作のきっかけは、細田が演出を担当していたテレビアニメ『おジャ魔女どれみドッカ〜ン！』第40話だった。ゲストで登場した原田知世が縁となってアニメ化が実現したのである。

この作品に続き、細田は数々のヒット作を世に送り出している。その特徴の一つが自身の体験をモチーフにしていることだ。結婚をした時期に発表された『サマーウォーズ』（09年）は家族愛がテーマ。自身の子どもが駄々をこねるその姿から『未来のミライ』（18年）の着想を得たという。今後、自身の境遇などから、どういった作品を生み出すかが非常に楽しみである。

時をかける少女

原作から約20年後を舞台に、かつての主人公・芳山和子の姪である紺野真琴がヒロインとして登場。再びタイムリープに翻弄されることとなる。原作と同じシチュエーションでまったく違った少女の心情に迫り、時代を経ても変わらない青春のきらめきを見事に描く。

（配給：角川ヘラルド映画）／公開：2006年7月15日／上映時間：98分／原作：筒井康隆／監督：細田守／脚本：奥寺佐渡子／キャラクターデザイン：貞本義行／声優：仲里依紗・石田卓也・板倉光隆　他

『時をかける少女』Blu-ray【期間限定スペシャルプライス版】［Blu-ray］
発売元：KADOKAWA／販売元：KADOKAWA／価格：本体2,980円（税込）
©「時をかける少女」製作委員会2006

COLUMN

「クール・ジャパン」の魅力を世界に！アニメ文化に寄与する政府の取り組み

今やジャパンカルチャーの代表として世界にも広く受け入れられているアニメ。しかし一昔前には、アニメ好きを公言しただけで「オタク」と呼ばれるような時代があった。1988〜89年に社会を恐怖に陥れた幼女連続誘拐殺人事件の犯人宅から大量のアニメビデオが見つかったことがその要因の一つとなり、世間が「オタクは犯罪予備軍、ロリコンで異常な性癖を持つ危険人物」という印象を持ってしまったのだ。

だが、大人のアニメ好きが理解されない暗黒時代は突然終わりを告げる。2000年代に入ると国産アニメが海外で高く評価され、05年にはアニメの海外輸出額が初めて300億円を突破し、将来性を高く評価される産業とまで見なされるようになった。「クール・ジャパン」の誕生である。

アニメ産業が国益に？

そのころから、アニメ産業へ国からの熱い視線が向けられるようになってきた。第1次安倍政権では甘利明経産相（当時）が、07年に「感性価値創造イニシアティブ」を策定する。

「生活者の感性に働きかけ、感動や共感を得ることで顕在化する価値を『感性価値』として着目し、日本の強みを活かしながら、我が国産業の競争力の強化と生活の向

パリでの稲田議員のゴスロリファッション（中央左）。右の写真は経産省「クリエイティブ産業課」のWebサイトより

上のために産学官が一体となり取り組んでいくべき」との方針を示した。

その流れで、11年には経産省内に「クール・ジャパン海外戦略室」が創設され、翌12年には「クリエイティブ産業課（生活文化創造産業課）」へと改組・拡大、さらに13年、稲田朋美議員が「クールジャパン戦略担当大臣」に就任。同年9月にフランス・パリで開かれた日本のアニメや漫画、ファッション、食文化などを紹介するイベント「Ｔｏｋｙｏ Ｃｒａｚｙ Ｋａｗａｉ Ｐａｒｉｓ」でゴスロリを意識したという姿で記者会見に応じた。

その一方では、政府と民間からの出資で13年に設立された「クールジャパン機構（株式会社海外需要開拓支援機構）」が、アニメ産業育成目的の投資事業などに精力的に乗り出すようになる。具体的な出資額の例としては、「正規版アニメ関連ネット販売」に50億円、「北米における日本アニメ作品のライセンス事業」に360万ドル（約36億7000万円）などに達し、あたかもアニメ文化の発展こそが将来的な日本の国力充実につながるかのようにさえ感じられるほどだ。

麻生財務相の存在

政治とアニメ・漫画に大きな理解を示す政治家といえば、首相経験者で安倍内閣〜菅内閣を通じて副首相の要職に就く麻生太郎財務相も忘れられない。06年9月9日、自民党総裁選の街頭演説で「秋葉原駅前の皆さん、そして自称『秋葉原オタク』の皆さん」と呼び掛け、自身が『キャプテン翼』の大ファンであることを表明した。この出来事はインターネット上でも話題を呼び、その好意的な評価につながった。

麻生財務相は外相時代の07年に外務省主催の国際漫画賞を創設し、広島の原爆投下による被爆体験を描いた『はだしのゲン』の英訳版を核拡散防止条約運用検討会議の加盟国に配布するなど、クール・ジャパンの機運を高めたのは間違いない。アニメ好き・漫画好きを公言する政治家は何人かいるが、トータルな意味で同氏ほど愛情を持って日本のアニメを世界へ幅広くPRできた人物は他にいないかもしれない。

世界からの評価のみならず、政府も真剣になり始めたかに見えるアニメ文化への関与。しかし、文化は自由な空気のなかでこそ本来の力を発揮する。〝紐つき〟になった多くの産業が生気を失ってきたこれまでの歴史を、果たしてアニメが一変させられるだろうか。

第5章

INTRODUCTION TO
JAPANESE ANIMATION HISTORY

日本アニメの新時代

2010年代

53 『魔法少女まどか☆マギカ』が見せてくれた新しい魔法少女像

日本のアニメ誕生の時期から一貫して変わらない、定番の人気ジャンルに魔法少女ものがある。さらにバトルヒロインものもまた、繰り返し作られ多くの人気作品を生み出してきた。そのほとんどが安心して楽しめる物語で、主要な登場人物たちはみな幸せになり視聴者を満足させる大団円が約束されてきた。ところが2011年になって、そのスタンダードを決定的に〝裏切る〟作品が登場する。『魔法少女まどか☆マギカ』（まどか☆マギカ）が、永遠に変わらないと信じられていたその不文律を粉砕し、しかも大ヒット作としてアニメ史に登場したのだ。

物語は主人公・鹿目《かなめ》まどかが、愛らしく無邪気な魔法の使者・キュゥべえに「願いを一つかなえるから、僕と契約して魔法少女になってほしい」と迫られるところから始まる。ただ、その代償として世界を救うために魔女と戦い、時には命を落とす危険性を受け入れるというのが条件だった。

自分の願いは何か？　生命を賭けてもかなえたい願いはあるのか？　まどかはすでに魔法少女として活動する転校生・暁美《あけみ》ほむらや先輩の巴《ともえ》マミ、孤独な少女・佐倉杏子の姿を追いながら、キュゥべえと契約すべきかどうかで揺れ動く……。

これまでの魔法少女ものでは、主人公はおおむね1話目で不思議な力を手にし、それ以降はその魔法少女としての活躍を中心にストーリーが進んでいく。ところが「まどか☆マギカ」では、主人公のまどかは魔法少女になれる選択を目前にしつつも、最終話直前まで決して魔法少女になろうとしない。まず、そのことが視聴者を混乱させる。しかし、それには十分な理由があった。

明るく楽しいファンタジーの魔法少女もの、最後には主人公たちの正義が勝利するバトルヒロインものの常識を無視して、「まどか☆マギカ」ではシリーズの早いうちに、絶対的に頼れる先輩だったはずのマミが魔女との戦いで凄惨な死を遂げる。そればかりか、正義感から魔法少女になった親友・美樹さやかは魔力の暴走で魔女へと変身したあげく、杏子と壮絶な戦いを繰り広げた末に相打ちで果てるという、思わず目をそらしたくなるようなショッキングな出来事が続くのだ。そのなかで次第に真実へと近づいたまどかは、決して勝てはしない戦いであることを分かったうえで、ついに魔法少女になると決心。ある種の自己犠牲と引き換えに、最終的に世界の救済に成功する……その展開は、可愛らしいキャラクターデザインからは到底想像できないもので、視聴者からは「トラウマになるほどの鬱展開」といった感想が続出した。

ただし、少女たちがただ苦しみ、破滅していくだけの内容であれば、これほどの人気とは無縁だっただろう。ＣＧを活用した迫力のバトルシーンやメジャーデビュー前から注目を集めていたＣｌａｒｉＳが歌う作品の世界観とマッチしたオープニング曲など、物語以外の部分でもヒットにつながる要素は周到に準備されていた。しかし、やはり最大の功績はストーリーの秀逸さと視聴者を引き込んでいくためのさまざまな仕掛けにあった。甘く幸せなファンタジーを期待していたら、味わうことになったのは苦く恐ろしいダークファンタジーだったのだ。

ただし、「まどか☆マギカ」はあくまでも正統的な魔法少女ものの約束事を下敷きにしている。明るく可愛いオープニング、清潔で整った日常生活の場面、朗らかで優しく親しみやすい友達たちは、どれも視聴者たちがアニメに期待する内容をそのままの形で描いている。そこに不安な要素は一つも感じられない。しかし、違うのだ。

慣れ親しんだ世界は場面展開で一変する。いったん扉が開いた後の魔女との対決の場となるシーンは文字通りの異世界で、薄暗く不気味でゆがんだ空間となる。表と裏の世界の空気感がまったく異質のものであることを、観る者に瞬時のうちに悟らせる素晴らしい演出となっている。そしてそこに登場する魔女たちのおどろおどろしいまでの恐ろしさももちろん印象的だが、物語が進むにつれ、実は少女たちに不思議な力を与えてくれるマスコット的存在だったキュゥべえの無邪気な恐ろしさも次第に明らかになってくる。

最初の衝撃は第3話。前述したように、まどかたちを魔女の手から救い魔法少女の使命を教えてくれたマミが魔女との戦いに敗れ、むごたらしい最期を迎える。それから次々と明らかになっていく魔法の負の側面。魔法少女の魔力の根源でもある「ソウルジェム」は少女たちの肉体から分離した魂そのもので、生身の肉体は一種の抜け殻にすぎず、決して元には戻せないこと。魔女との戦いなどを経て濁っていくソウルジェムが汚れをため込むと魔法少女は魔女へと変化してしまうこと。宇宙の寿命を延ばすことを唯一の目的とするキュゥべえたちには魔法少女たちが魔女へ変身する際に生み出される膨大なエネルギーが必要なことなど。つまり、魔法少女には戦いでの死か魔女への変身以外の道はなく、キュゥベえはそのためにだけ少女たちをリクルートする存在だったのだ。

そんな物語の構造が明らかになれば、明るく正しく見えるまどかたちの生活の裏側、魔女が現れるもう一つの世界のサイケデリックで不気味な真相にも納得がいくだろう。

そして、この物語にはもう一つの重要な要素としてタイムリープがある。最後の最後に魔法少女への契約を交わしたまどかは、タイムリープの仕組みを使う。自分の存在を消す代償として、魔女を生み出さない世界に再構築したのだ。なんともやりきれなく、しかし新たな希望の物語へとつながるエンディングだった。苦くもかけがえのない人生というものに寄り添うようなファンタジーがここに完成したのだ。

魔法少女まどか☆マギカ

平和な日々を送る中学2年生の鹿目まどか。ある夜、まどかは不思議な夢を見る。次の日、まどかが夢で見た少女と瓜二つの容姿をした転校生・暁美ほむらがまどかのクラスにやってきた。偶然の一致に戸惑うまどかに、ほむらが投げかけた意味深な言葉が不思議な物語の始まりだった。

放送局：毎日放送 他／放送期間：2011年1月7日～4月22日・全12話（放送休止期間含める）／原作：Magica Quartet／監督：新房昭之／シリーズディレクター：宮本幸裕／脚本：虚淵玄（ニトロプラス）／キャラクター原案・デザイン：蒼樹うめ（原案）・岸田隆宏（デザイン）／声優：悠木碧・斎藤千和・水橋かおり・喜多村英梨・野中藍・加藤英美里 他

『魔法少女まどか☆マギカ』Blu-ray Disc BOX［Blu-ray］
発売元：アニプレックス／販売元：ソニー・ミュージックソリューションズ／価格：本体27,500円（税込）
©Magica Quartet ／ Aniplex・Madoka Partners・MBS

54

「聖地」がもたらす光と影。ご当地アニメの成功とその魅力

アニメの世界が現実に進出したケースは『テニスの王子様』が起爆剤となった「2・5次元ミュージカル」だけではない。近年、作品の舞台を「聖地巡礼」と称して訪れるファンが後を絶たない。このようにアニメに絡めた地域おこしを「萌えおこし」といい、『らき☆すた』の舞台となった埼玉県鷲宮町（現・久喜市鷲宮）がきっかけで注目されるようになった。これに続く例は少なくないが、なかでも話題性・経済効果共に大きくなったものに『ラブライブ！サンシャイン!!』と『ガールズ&パンツァー』がある。

女子高生スクールアイドルの活躍を描く『ラブライブ！サンシャイン!!』の舞台となったのは静岡県沼津市。1893（明治26）年に大正天皇の静養のために沼津御用邸が造営され、多数の文人・墨客が別荘を設けたり定住して執筆活動にいそしんだ風光明媚《めいび》な地だ。放送開始の2016年から熱心なファンたちの来訪が増加、地元が自発的に作品の応援を始めた。キャラクターの実家のモデルになった店舗や施設ではキャラクターのグッズを買いそろえたり、モデルとなった学校がある内浦地区の三の浦総合案内所が作品グッズを展示したりするなどして、「ラブライバー」と呼ばれるファンたちを歓迎するムードを演出。これを受けて沼津市も貴重な観光資源になると捉え、オリジ

茨城県・大洗駅には『ガールズ&パンツァー』の顔出しパネル看板が設置された

ナルマンホールの設置や観光ポータルサイトに作品を紹介するなど好意的な姿勢を示している。

『ガールズ&パンツァー』では、主人公たちが通う高校こそ巨大艦船の上にある設定だが、船の母港に設定されたのが茨城県の大洗港となっている。こちらは町内を通る鹿島臨海鉄道大洗鹿島線や茨城交通がラッピング車両を運行し、宿泊施設の一部で宿泊するとノベルティグッズなどがもらえる「ガルパン応援プラン」を用意。ふるさと納税の返礼品にも関連商品を採用するなど、官民一体で総力を上げて取り組んでいる。その甲斐《かい》あってか、万年赤字だった大洗鹿島線は黒字化し、野村総合研究所によるとテレビアニメ終了後の13年～14年には15万9000人が大洗町を訪れ、7億円超の経済効果があったとされる。

ただし聖地になることは地方自治体にとってメリットばかりとは限らない。事実、沼津市では一部のラブライバーが主人公が通う学校のモデルになった中学校敷地に無断で立ち入って写真撮影、キャラクターのシールなどを貼りつけて装飾したいわゆる「痛車」が市内でひき逃げ事故を起こすなどのトラブルが発生した。また、大洗町ではアニメ作品の著作権に関する理解不足などの危機意識もあり、商工会が「ガルパン相談会」を実施してオリジナル商品の開発を希望する商店街関係者に版権利用の手続きなどのサポートを行うというようなこともあった。

近年、作品のリアリティーを求めてアニメでもロケハンを実施する例が増えているという。とくに「オリジナル作品の開拓者」といわれる細田守や、美麗な背景美術が国内外から高く評価される新海誠は、自身のSNSでロケハンを報告している。今後もその傾向が続けば聖地となる街が増え、もしかしたら自分の住んでいる街が次のアニメ作品の舞台に選ばれるかもしれない。

一方で、聖地となり得ない街も存在する。國學院大学の飯倉義之准教授は「渋谷は聖地巡礼が生まれない街」と論じる。①変わり続けているため「作品と同じ光景」が維持されない。②街そのもののイメージが強すぎる。③街が巨大なバザール（市）というのがその理由だという。実際、渋谷をテーマにしたアニメは、その時々の渋谷になぞって描かれたものが多いと分析する。

聖地の景観が変わってしまう可能性は十分にあり、実際、池袋を舞台とする『デュラララ!!』で登場したシネマサンシャイン池袋が19年7月に閉館した際は、多くのファンが悲しんだ。アニメを愛するが故に聖地に惹かれるならば、後々「あの時、行っておけば良かった」と後悔することがないように心掛けるべきかもしれない。

アニメの聖地は東京23区の北西部がアツい!!

アニメファンにとって別の意味の聖地が東京23区の北西部だ。

日本のアニメ産業を支え続ける練馬区。『白蛇伝』『鉄腕アトム』など初期アニメのターニングポイントとなる作品はここで誕生し、現在もアニメ制作関連会社が100社以上あるという。これは当時「東映動画」「虫プロダクション」などの大手が拠点を構え、周辺に関連ビジネスの会社が集まってきたためである。練馬では街全体を「アニメ・イチバンのまち」とアピール。当然、練馬を舞台とする作品も多数あり、ストーリーのなかにモデルとして登場するものまでを含めると数えきれない。街が丸ごとアニメに関わる代表的な土地といえる。

練馬区中央部を走る西武池袋線のつながりか漫画家も多く在住している。東側の豊島区東長崎駅の近くに漫画の巨匠たちが青春を過ごした奇跡のアパート「トキワ荘」が復元され、池袋駅東口にはアニメ関連のショップが立ち並ぶ。加えて南に位置する杉並区、中野区もアニメとの関連は深い。杉並のJR中央・総武線の荻窪駅周辺を中心にアニメ産業が活性化しており、東京工芸大学が運営する「杉並アニメーションミュージアム」は老若男女に人気のスポットになっている。そして、中野区は秋葉原に匹敵するほどのサブカルチャーの街として知られており、時にはマニア垂涎の掘り出し物が見つかることもあるそうだ。東京北西部は、やはりアニメとの関係を抜きにしては語れない。

55

『黒子のバスケ』脅迫事件に見る現実の犯罪とアニメ作品の影響力

「推している作品が世間で話題になるなら、ヒットしたときであってほしい」というのは、多くの漫画・アニメファンの共通の願いといえるだろう。しかし、『週刊少年ジャンプ』の人気作品『黒子のバスケ』(黒バス)は別な形でニュースになってしまった。ただし、それもまたテレビアニメ化と共に人気が急騰していたからこそ起こった皮肉な結果だったともいえる。

発端は2012年10月12日。作者の藤巻忠俊の母校である上智大学四谷キャンパスで、気化すれば致死量を上回る硫化水素が発生する液体入りの容器が見つかった。容器には藤巻を中傷する文章が貼りつけられており、同日にインターネット掲示板「2ちゃんねる」で「喪服の死神」と名乗る人物が犯罪をにおわせる書き込みを行った。翌日から作品や作者と関わりがある企業・施設に次々と脅迫状が送られ、11月には「ジャンプフェスタ2013」の会場である幕張メッセに同様の文書が届いた。同イベントは中止を余儀なくされ、黒バスファン以外にも影響が及ぶ事態となった。

他にもコミックマーケットに黒バス関連サークルの参加を制限させたり、コンビニで販売している菓子に異物を混入させて回収させるなど、犯人の作品に対する執拗な犯罪行為が1年以上続いた。結果的に逮捕されたのは当時36歳の元派遣社員の男だったが、裁判などの供述で明らかになったのは、作者や関係企業と関係があったわけではなく、自身の人生の不満に対する八つ当たりをしているとしか思えないものだった。男は懲役4年6カ月の実刑判決を受け、14年には本人が事件の真相を語る書籍が出版され、生い立ちや境遇に同情する声も上がった。しかし、そこにどんな背景があるにしろ、原作漫画やアニメ作品を楽しむ機会を奪われたファンや心血を注いで物語を生み出してきた作者の心情を傷つけていい理由にはならない。

この事件とは異なるが、漫画・アニメ作品が市民権を得た現代社会においては、フィクションであっても現実社会の出来事に合わせてさまざまな配慮をしなければならないことを認識させたのが、フジテレビの深夜アニメ枠「ノイタミナ」で放送された『PSYCHO-PASS サイコパス』(12年)だった。同作は14年7月～9月に2話各30分のエピソードを1話1時間にまとめて、さらに新たなシーンを追加した「新編集版」を放送した。しかし、第4話（当初の7話～8話）が突然「放送するのにふさわしくない」という判断が下されて放送休止になり、第5話（9話～10話）が繰り上げ放送されることになったのだ。公式はその具体的な理由を明かしていないが、第4話が「女子高生が同級生を殺して切断する猟奇殺人事件」という内容だったので、「当時世間を騒がせていた佐世保女子高生殺害事件の関係者に配慮したのではないか？」と推測された。

ただし、地上波での放送が見送られただけで最終的には欠番扱いにはならず、今日では視聴が可能だ。アニメ作品も生き物で、その時々の時勢に影響を受けざるを得ない。もはやアニメはそれだけの影響力を持つ存在にまで成長したことを誰もが実感する出来事だった。

56

人類最強の兵士・リヴァイ兵長が表す、『進撃の巨人』のねじれた魅力

珠玉のボクシング漫画でアニメとしても大人気となった『あしたのジョー』。主人公・矢吹丈のライバルとして有名なのが力石徹。主人公に惹かれるのは当然だとしても、第2章でも触れているが、力石を愛した多くのファンたちの〝ロス〟を抑えるため、作中での突然の死に際し実際の葬儀が執り行われたのは有名な話だ。

この例は少々極端かもしれないが、実際、主人公よりも人気があるキャラクターは少なからず存在する。昨今のアニメでは『進撃の巨人』がこれにあたるだろう。本作の人気投票ランキングを見ても、トップ3までに主人公のエレン・イェーガーの名前が挙がってこないのだ。

なかでもとくに人気が高いのは、調査兵団の兵士長である「リヴァイ兵長」ことリヴァイ・アッカーマンだ。その凄まじい勢いで巨人をなぎ倒していく姿は、「人類最強の兵士」と称される。

その人気を表すエピソードとしては、原作者・諫山創《いさやまはじめ》の出身地である大分県日田市のものがある。日田市では「作者の故郷である日田市に主人公3人の銅像を建てる」というクラウドファンディングを実施、目標額の倍を超す2968万円を集めた。すでにエレンら主人公たちの銅像は設置されていたが、新たにリヴァイ像も加わることになったのだ。

大分県・日田駅前では、リヴァイ兵長の銅像が「進撃」ファンを迎える

その人気は、日本だけにとどまらない。南米のチリではリヴァイ兵長の銅像を建てるキャンペーンがオンライン署名サイトの「Change.org」上で行われ、７万件以上もの賛同者が集まった。首都サンティアゴのイタリア広場にあった同国の英雄マヌエル・バケダーノ像が傷つけられ、修復で空いた期間を埋めるためにエレン像ではなく、リヴァイ像を建てようというものだった。

他にもメインの登場人物たちを霞《かす》ませる個性豊かなキャラクターたちが続出する『進撃の巨人』。もちろん作品の魅力はそれだけにとどまらない。物語の序盤から張り巡らされた多くの謎や伏線を一つひとつ回収していくことで、現実の社会にはびこる人種差別など社会全体に関わる大きな問題が浮かび上がってくる。魅力的でアンチヒーロー然とした登場人物たちは、そんな諸問題へのアンチテーゼとも考えられないだろうか。

57 監督引退宣言の宮崎駿の『風立ちぬ』と高畑勲の遺作となった『かぐや姫の物語』

日本アニメ界の巨匠・宮崎駿。スタジオジブリの数々の傑作を生み出した大監督として誰ひとり知らぬものなどいない存在だ。ただ、そんな宮崎が２０１３年に長編映画制作からの引退を発表したことは記憶にあるだろうか。ベルリン国際映画祭のグランプリ監督であることから海外での名声も高く、その引退発表には国内外から６００人以上の記者が集まり、テレビカメラも70台を数えた。そんな宮崎の引退作品こそ、13年公開の『風立ちぬ』だった。

ただし、作品のストーリーはメロドラマ調。ファンタジー的要素が多かった過去作とは打って変わり、史実をもとにしている。主人公・二郎のモデルは、太平洋戦争で活躍した零式《れいしき》艦上戦闘機（ゼロ戦）の設計者として有名な堀越二郎だ。そこに同時代を生きた文学者・堀辰雄の小説作品群『美しい村』『風立ちぬ』『菜穂子』のエッセンスを取り込み、新たな宮崎ワールドが誕生した。『風立ちぬ』は興行的にも成功を収めて、興行収入は１２０億円超え。数あるジブリ作品のなかでも『崖の上のポニョ』に次ぐ第5位となっている。

ストーリー展開上、この作品が描くテーマの一つが戦闘機となるのは当然だろう。しかしそれは、決して戦争を糾弾しようというものでも、ゼロ戦の優秀さによって日本の若者たちを鼓舞しようというものでもない。そこで表現されているのは、大切な人と共に、夢を追い求めその気持ちに忠実にまっすぐ進んだ人物の姿なのだ。舞台となったのは、大正から昭和初期の東京や軽井沢など。関東大震災をきっかけに、後の伴侶となる里見菜穂子との出会いから物語は動き出していく。世の中が世界大恐慌によって不穏な空気が漂い始めた時代、東京帝国大学を卒業した二郎は三菱に就職。夢だった飛行機の設計に精を出すことになるが、完成した機体が空中分解するという大事故を起こしてしまう。それでも夢を諦めず設計に打ち込む姿、そして結核を患ってしまう菜穂子との、恋から愛へと成熟していく夫婦の情感が描かれている。

さて、宮崎作品に共通するメッセージには「生」という文字が当てはまるという。それぞれの時代を生きる多くの観客に向けて、作品ごとのメッセージが発信され続けているのだ。

風立ちぬ

飛行機に憧れる少年・堀越二郎は、夢に現れた飛行機設計家のカプローニ伯爵に励まされ、自分も飛行機の設計家になることを志す。やがて青年になって夢をかなえた二郎は汽車に乗っている最中に大地震に見舞われ、偶然同じ車両に乗り合わせた里見菜穂子と出会い恋に落ちる。

配給：東宝／公開：2013年7月20日／上映時間：126分／原作・脚本・監督：宮崎駿／作画監督：高坂希太郎／声優：庵野秀明・瀧本美織・西島秀俊・西村雅彦・風間杜夫・竹下景子・志田未来・國村隼・大竹しのぶ・野村萬斎・スティーブン・アルバート 他

『風立ちぬ』［DVD］
発売元：ウォルト・ディズニー・ジャパン／販売元:ウォルト・ディズニー・ジャパン／価格:本体 5,170 円(税込)
©2013 Studio Ghibli・NDHDMTK

『風立ちぬ』におけるそのメッセージは、映画のキャッチコピーにある「生きねば。」。エッセンスの一つとなった堀辰雄の『風立ちぬ』に出てくる言葉と同時に、それは宮崎の原点ともいえる『風の谷のナウシカ』にもつながっている。原作である全7巻の漫画版『風の谷のナウシカ』の最終巻、そのラストシーンのコマに出てくる言葉はやはり「生きねば……」なのだ。世界が荒れ果て希望が次第に薄れていくなかでも、なお前に進み続ける選択をするナウシカたち、そして大不況や政治不信など、現代にも酷似する1920〜30年代の日本を生きる『風立ちぬ』の登場人物たち——両者をこの「生きねば。」というフレーズで表したのは、たとえどのような時代であれ、力を尽くして生き抜くことを忘れてはならない、宮崎駿の思いに他ならないだろう。

実は、この『風立ちぬ』と同日公開が予定されていたもう1本の作品が存在する。長年にわたって宮崎の盟友だった高畑勲が、14年ぶりに指揮を執った『かぐや姫の物語』である。しかし、13年に入っても絵コンテが完成せず、結果的に公開時期を延期。同年の秋公開となった。『かぐや姫の物語』には日本のアニメ映画としては破格の50億円を超える制作費が投じられた。高畑が愛したアニメーターの描く線を活かす手書き風のスタイルは、前作『ホーホケキョ となりの山田くん』から引き継がれ、制作技法の大きな特徴となっている。しかし、同時に高畑と宮崎の両名が手掛けた74年の『アルプスの少女ハイジ』とも多くの共通点がある。それぞれの主人公の少女は、自然に囲まれた丘陵でのびのびと育っている。しかし周囲の大人たちによって街での生活を強いられる。そこで山での暮らしに思いを募らせながらさまざまな感情を紡いでいく。

『アルプスの少女ハイジ』の舞台はスイス。その作品から40年近くを経て、高畑は舞台を日本に移した。実際に高畑と宮崎のふたりは番組終了後、「いつの日か、日本を舞台にハイジを作りたい」と語り合ったというのは有名な話。『かぐや姫の物語』こそ、その長年の夢の実現だったのだ。

『かぐや姫の物語』公開から5年、18年4月に高畑はガンのため82歳でこの世を去る。遺作となった本作は、丹念な日常描写から組み立てられた生活感に加え、キャラクターの豊かな感情表現など、アニメ作家としての高畑の真骨頂が存分に発揮された傑作だった。

なお、冒頭で触れた宮崎駿の引退宣言は撤回され、17年には長編アニメ映画の制作に復帰したことが伝えられた。新たな作品の完成にはまだ時間がかかるかもしれない。しかし、スタジオジブリに「宮崎駿」のクレジットがまた加わることは間違いないだろう。

かぐや姫の物語

あまたある星々の中からかぐやはなぜ地球を選び、この地で何を思い、なぜ月へと去らねばならなかったのか……。姫が犯した罪とは、その罰とはいったい何だったのか。日本最古の物語文学『竹取物語』に隠されたかぐや姫の真実の物語。

配給：東宝／公開：2013年11月23日／上映時間：137分／原案・脚本・監督：高畑勲／脚本：坂口理子／人物造形・作画設計：田辺修／作画監督：小西賢一／声優：朝倉あき・地井武男・宮本信子・高良健吾・中村七之助 他

『かぐや姫の物語』［DVD］
発売元：ウォルト・ディズニー・ジャパン／販売元：ウォルト・ディズニー・スタジオ・ジャパン　価格：本体 5,170 円（税込）
©2013 畑事務所・Studio Ghibli・NDHDMTK

58 ブラック企業大賞入賞の日本アニメと伸長著しい中国アニメとの経済格差

アニメには「製作」と「制作」がある。もともと「製作」が形のあるものを作ることから「作ったもの」につながり、「制作」はアート作品や映画、音楽など、ものよりもその内容（コンテンツ）を作るに近い。これをアニメに当てはめるとアニメ作品になるまでの原画や動画、ストーリーなどを作る「制作」、放送・上映される作品をまとめて販売するための「製作」となるだろうか。

今や「クール・ジャパン」の代表とされるアニメ関連産業だけに、２０１９年の事業規模は２兆５０００億円を超える。その一方で「制作」に関わるアニメ会社の市場規模は8分の1程度の３０００億円を越えるのがやっとだ。そこから、アニメ制作の現場＝ブラックな仕事という連想が働く。果たしてそれは必ずしも間違いではない。

日本の仕事は変わってきた。ワーク・ライフ・バランスが重視され、法律でも労働時間などが厳しく規制されるようになるなかで、そこから置き去りにされるのがアニメ業界。なかでも制作の現場だとされる。実際、14年には『ソードアート・オンライン』や『黒執事』『あの日見た花の名前を僕達はまだ知らない。』などを制作しているＡ-１Ｐｉｃｔｕｒｅｓが第3回ブラック企業大賞２０１４で業界賞に選ばれている。近いところでも『ちはやふる』『サマーウォーズ』『時をかける少女』の制作会社マッドハウスが過重労働などの問題で報道に取り上げられた。その要因の一つが冒頭で述べた「製作」と「制作」の違いだ。アニメから得られる利益のほとんどが「製作」側の製作委員会で分配され、実務を担当する「制作」会社にまで回ってこない。つまり、作品がヒットしてもしなくても分配される金額は変わらず、しかもそれは低いままに抑えられてしまう。

そもそもアニメの制作費が低いのは、日本のテレビアニメのスタートだった『鉄腕アトム』の手塚治虫が、当時主流だった実制作ドラマに対抗できる金額、そしてライバル他社が追従できない低価格で仕事を始めたから、という説もあった。実際のところ、30分番組1本あたり30万円とか55万円などと流布したその伝説は決して正確ではなく、最後はその5倍程度になったという証言もある。ただし、それでも制作現場に、決して潤沢な予算が振り分けられたわけではない。その流れが今に続いていることは確かだ。もっともすでにその仕組みは制度疲労を起こしている。

かつて日本のアニメは、過剰な労働量と制作費を抑えるために分業制と外注化を進めた。早い時期により安価な労働力を求めて、外注先は韓国や台湾、そして中国へと広がっていったのはよく知られるところだ。ところがもはやその常識は逆転してしまった。

中国本土ではアニメーターの平均月収が円換算ですでに50万円前後に達している。一方、日本では平均より上でも18万円に達しない。日本の制作会社が中国アニメの下請けを受けるケースも増えているという報告もある。知らぬ間に大きく差を開けられた状況は経済規模で日本が中国に大逆転されたのと同じだ。同様の大逆転がアニメのクオリティーや内容で起こるのももう遠くはない。

59 Netflixが日本市場に参入。アニメ業界が向かうこれからの未来

2015年9月2日、日本にエンタメの〝黒船〟が来訪した。その名は「Netflix」(ネトフリ)。それから5年、その国内会員数は500万人超、動画配信市場のトップを占める存在となった。

①時間や場所に縛られずに各種動画を観られる自由さ。②定額制(サブスクリプション)。③オリジナル作品制作や独占配信。これらがネトフリの概要で、なかでも①②は多くのライバルにも共通する。20年以降、新型コロナウイルス感染拡大が追い風ともなり、市場規模3710億円と急成長を続けるマーケットを牽引してきたのがネトフリであることは間違いない。Amazon Prime VideoやU-Nextといった同系統のメディアや、WOWOWに代表されるケーブルテレビなどのラインナップに多くのアニメ作品が登場するようになっただけでも、日常的なアニメとの付き合い方が変わってきた。

しかし、ネトフリにはそれ以上に日本のアニメ文化そのものに大変革をもたらす可能性がある。それが③のオリジナル作品・独占配信の可能性だ。

かつて深夜枠で放送された人気アニメ「バキシリーズ」の続編、『聖闘士星矢』の再アニメ化、

人気キャラクター「リラックマ」の3DCGアニメ化……メジャーからニッチまで幅広いアニメを対象としたオリジナル化は競合メディアとは異次元の展開を予想させる。その先には日本のアニメと世界との関係を一変させる未来が待ち構えているかもしれない。

世界を相手にした日本アニメのブームは、これまでに70～80年代と2000年代に2度訪れた。フランスの子どもたちがこぞって日本製アニメにハマったことから始まる最初のブームは、東南アジアや他の西欧諸国をも巻き込んだが、視聴者たちはとくにそれを「メイド・イン・ジャパン」とは意識していなかったという。続く『AKIRA』や『攻殻機動隊』といった先鋭的な作品のカルト的人気を経て、『ポケットモンスター』や『ドラゴンボール』が「クール・ジャパン」として意識され現在に至っている。

日本のアニメ制作を一変させる可能性を持つNetflix

実は、ネトフリにおけるアニメ視聴の90%は海外だという。これまでのような日本のアニメが海外で受け入れられるのではなく、潤沢な資金力で最初から世界で観られるアニメ映画が日本のアイディアや技術を駆使して作られるようになる……。ネトフリからはそんな未来が垣間見えてくる。

60 制作陣の仕掛けが随所に光った『おそ松さん』大ヒットの要因

若い女性を中心に爆発的にヒット、社会現象化にまでなった『おそ松さん』。『おそ松くん』の作者・赤塚不二夫の生誕80年を記念してアニメ化され、6つ子が大人になった姿が描かれた。その人気は凄まじく、最終回間際には終了を想定して嘆く「松うつ」「松ロス」という言葉が生まれ、同士を求めてSNSに書き込むファンたちがニュースで取り上げられるほどだった。

そんなブームの要因の一つには、豪華声優陣があったと言っても過言ではないだろう。かつての『おそ松くん』の6つ子の声は女性が担当。しかし本作では、全て男性だ。その配役は、長男のおそ松を演じる櫻井孝宏をはじめ、カラ松に中村悠一、一松に福山潤、十四松に小野大輔、トド松に入野自由、チョロ松には、〝アジア№1声優〟と呼び声が高い神谷浩史を起用するなど、いずれも主役級がそろっている。しかも各キャラクターが繰り広げる、ナンセンスな展開は多岐にわたる。時には作画のタッチを変えたアイドル風、時には女性となって女子会を行うなど、多くの萌えるシーンを作り上げたのだ。このポイントが、『おそ松くん』と一線を画す部分といえよう。

本作では小学5年生だった6つ子が成長。全員がニートで、しかも童貞のまま20代前半となったことから、タイトルは「くん」から「さん」へと変わった。ギャグ要素だけでなく、時事ネタやブラックユーモアまでありの内容である。

だが、ヒットの秘密は声優陣だけではない。監督は『銀魂』の藤田陽一。キャラクターデザインは、劇場版「ドラえもんシリーズ」で総作画監督を務めた浅野直之が担当した。他にも、シリーズ構成に起用された脚本の松原秀など、「銀魂シリーズ」のメンバーが多く参加しており、少々ぶっ飛んだ内容になったこともうなずける。

制作陣がとくにこだわったのが、少年から現代的な若者に成長したそれぞれの個性である。同じニートとはいえ、六人六様の性格の違いが特徴的であり、それぞれ見分けがつくようになっている。全員が性格的に欠陥があるダメ男だが、時折見せる兄弟の結束力や絆の強さが乙女心をくすぐり、女性ファンを強く惹きつけたのだった。

おそ松さん

松野家の6つ子、おそ松、カラ松、チョロ松、一松、十四松、トド松は20歳を過ぎても定職につかず、親の脛をかじるいわゆるニート。仕事にも女性にも縁がない個性的な6人は、時にお互いの足の引っ張り合いをしながら、ひとつ屋根の下で暮らしている。そんな彼らとイヤミたちおなじみのキャラクターが加わり、毎回騒動が巻き起こる。

放送局：テレビ東京 他／放送期間：第1期（2015年10月～2016年3月・全25話＋3.5話＋SP1話）／原作：赤塚不二夫／監督：藤田陽一／脚本：松原秀 他／キャラクターデザイン：浅野直之（第1期・2期）・安彦英二（第3期）／声優：櫻井孝宏・中村悠一・神谷浩史・福山潤・小野大輔・入野自由 他
＊第3期にわたって放送された。

『おそ松さん』第一松［DVD］
発売元：エイベックス・ピクチャーズ／販売元：エイベックス・ピクチャーズ／価格：本体 6,380 円（税込）
© 赤塚不二夫／おそ松さん製作委員会

61 美しすぎるビジュアル…世代を超えて社会現象を生んだ『君の名は。』

2016年に公開されると大評判を呼び、一映画を超えた社会現象にまでなった作品が新海誠監督の『君の名は。』だ。「『現実より美しい風景』に世界中が魅了された」と絶賛したのは岡田斗司夫。『王立宇宙軍 オネアミスの翼』や『ふしぎの海のナディア』のヒット作を連発したガイナックスの創業社長、通称「オタキング」に、映像についてそう言わしめたほどの衝撃を呼んだのである。

もちろんその素晴らしさは一般にも広く浸透した。影響力を測る指標の一つである興行収入は累計で250億円を超えた。これは歴代の邦画ランキングでは『劇場版「鬼滅の刃」無限列車編』『千と千尋の神隠し』に次ぐ第3位にあたる。もちろん、評判は国内にとどまらない。ロサンゼルス映画批評家協会賞のアニメ映画賞などをはじめ受賞歴は30以上にも及び、ヨーロッパ圏や中国をはじめとする海外での好成績が話題となるほどで、全世界での興行収入では『千と千尋の神隠し』を上回ったのだ。また、原作本として発刊された『小説 君の名は。』も、文庫の週間売上ランキングで8週間トップをキープしたまま累計で100万部を突破。こちらもまた、人気投票でランキングされる読売新聞社主催の「SUGOI JAPAN Award 2017」において「エンタメ小説部門」で第1位を獲得している。

この世界中をうならせた作品は、「まるで、夢の景色のように、ただひたすらに美しい眺めだった」という言葉と共にストーリーが始まる。千年ぶりに地球に接近する巨大流星「ティアマト彗星」の到来がベースとなって引き起こされる〝ボーイ・ミーツ・ガール〟を描く本作だが、主要な展開は、夢の中での入れ替わりである。

男子高校生・立花瀧《たき》は目を覚ますと、地方の山奥にある糸守町に住む女子高生・宮水三葉《みつは》になっており、逆に三葉は瀧になった自分に驚く。しかし両人はこれを、当初「奇妙な夢」だと思い込んでしまう。ところが、その後もたびたび入れ替わりが発生、周囲の反応からそれが現実であることに気づきはじめ、物語が大きく動き出す。この物語はこの少年と少女の間で次第に高まっていく恋心とすれ違い、そして奇跡がテーマとなっている。

では、『君の名は。』のその魅力は一体なんだったのだろうか。まず言えるのは、予想外のストーリー展開である。物語が進むにつれてふたりの未来への想像をかき立てられ、観る者に手に汗握るようなハラハラドキドキ感を与えた。そして彗星の落下衝突により入れ替わりが途切れ、すれ違い続けながらも、かえって高まる想いに翻弄《ほんろう》される瀧と三葉が描かれる。しかし時間は残酷なもの。存在が入れ替わりあれほど惹かれ合ったふたりの記憶は急速に薄れていき、ついには互いの名前さえ思い出せないようになっていく。しかし相手のことを忘れてしまっていても、変わらず心のどこかで強く結び合うその姿が、観客の中に大きな感動を生んだのである。

だが、なにより本作が革新的であったのは、一つひとつのシーンを美しく描写した点が挙げられる。とくに背景美術の見事さは格別だ。緻密に描かれた東京都心のビル群やどこかにありそうな田舎の新緑、そして天空から弧を描きながら落下する美しくも恐ろしい彗星の軌道は、見ているだけで心奪われるものとなっている。多くの人々が絶賛し〝リアルよりはるかに美しい世界〟だと言わしめたのも十分に納得できる。

単に奇麗・美しいというだけにとどまらず、その映像美は映画やドラマの専門家たちに影響を与えるほどのインパクトとなった。例えば『前略おふくろ様』や『北の国から』などの大ヒットドラマで知られる脚本家・倉本聰は、インタビューで本作を絶賛。「むしろそっちの世界に行くべきなのかな」とまで言い放った。

この日本アニメの歴史に名を残した名作は、公開からわずか28日で興行収入100億円を突破。これは、日本のアニメ監督では宮崎駿に続くふたり目の快挙だ。さらに『君の名は。』を制作中に、アメリカのエンターテイメント産業界の専門誌『バラエティ』が選ぶ、「2016年に注目すべき世界のアニメーター10人」に選出されていたという実績を持つ。『君の名は。』以前に、世界はすでに新海誠の名を知っていたのだ。

本作は、前作『言の葉の庭』から3年ぶりとなる監督作品6作目にあたる。物語の着想は、11年に新海が東日本大震災発生後の宮城県名取市閖上《ゆりあげ》へ訪れたことから得られた。その際、新海は「ここは自分の町だったかもしれない。自分が閖上のあなただったら、もしも自分があなただったら」と自問し、主人公たちが入れ替わる映画を作ろうと思いたったという。

新海は『君の名は。』に続く19年公開の『天気の子』でも、興行収入ミリオンを突破。アニメ作品としては1998年の『もののけ姫』以来となる第89回米国アカデミー賞長編アニメ映画部門の日本代表作品となった（惜しくも落選）。

新海作品の数々は、時に「新海ワールド」と称されている。これは前述した風景描写の緻密さ・美しさを指す言葉だ。これについて本人は「思春期の困難な時期、風景の美しさに自分自身を救われ、励まされてきた。なので、そういう感覚を映画に込められたらという気持ちは一貫して持っている」と発言している。まさに、冒頭で紹介した岡田の言葉そのままに「絵は現実を超える」ではないか。近い将来、アニメーションが実映像を追い抜く瞬間は、すぐそこにまで来ているのかもしれない。

君の名は。

田舎町で暮らす女子高校生・三葉はある日自分が男の子になる夢を見る。一方、東京で暮らす男子高校生・瀧も奇妙な夢を見た。ふたりはお互いに入れ替わっていたことに気づく。そんな現実を受け入れ互いに気持ちが打ち解けてきた矢先、突然入れ替わりが途切れてしまう。瀧は三葉に会いに行こうと決心するが、たどり着いた先には意外な真実が待ち受けていた。

配給：東宝／公開：2016年8月26日／上映時間：107分／原作・脚本・監督・絵コンテ・編集：新海誠／キャラクターデザイン：田中将賀 他／声優：神木隆之介・上白石萌音・長澤まさみ・市原悦子・成田凌・悠木碧・島﨑信長・石川界人 他

『君の名は。』スタンダード・エディション［DVD］
発売元：東宝　販売元：東宝／価格：本体 4,180 円（税込）
©2016「君の名は。」製作委員会

62 クラウドファンディングで制作された『この世界の片隅に』の軌跡と奇跡

クラウドファンディングはアニメ映画を変えるか。第40回日本アカデミー賞最優秀アニメーション作品賞や第41回アヌシー国際アニメーション映画祭長編部門審査員賞などアニメ関係の賞だけでなく、『キネマ旬報』ベストテン1位をはじめアニメ映画でありながら実写との境界を乗り越えて「映画」として数々の賞を受賞した『この世界の片隅に』。異例のヒットとなった本作はロングランを続けた。原作漫画に惚れ込んだのは監督・脚本の片渕須直《すなお》。その思いの丈が綴られた手紙に作者のこうの史代が快諾し、アニメによる映画化が実現する。

舞台は戦時下の広島県呉市。ただし一般市民への戦争の影響を語る部分で取り上げられたのは、決して原爆や空襲だけではない。徹底的に調査された戦時中の日常を丁寧に描いているのだ。食べ物の配給は減り、空襲警報で眠れない日々が続く。戦況の変化に伴い悪化していく日常のなかで、それでも営まれ続けなければならない普通の生活が描かれている。

片渕は、当時の世界を体感的に再現するため、夜行バスなどで何度も広島に通ったという。多くの資料を集め、70年前の天気や店の品ぞろえ、空襲警報の発令時刻に至るまで調べ上げ、時代考証を重ねた。そして、制作資金調達の方法として試みたのが、2015年当時はまだ珍しかったクラウドファンディングでパイロットフィルムを作ることだった。出資企業が抱くアニメ映画へのイメージと、観客たちが実際に観たいと思う題材との間にギャップがあるところを突いたのである。

結果は大方の予想を超えた。当初目標とした２０００万円はわずか8日で達成。最終的に３３７４人の支援を得て、３９１２万１９２０円に達した。この金額は映画分野では当時最高額。この成功を受けて映画の制作が正式に決定し、パイロットフィルムや特報映像が応援の声をさらに広げた。『この世界の片隅に』封切り日の公開館数63館は、サポーターたちの口コミを追い風に規模を拡大し、累計で４００館以上に達した。また海外の反応も軒並み高評価で、本編が終了するとすぐに席を立つのが普通のアメリカなどでも、ほぼ全ての観客が余韻に浸っていたという。そのエンドロールには、クラウドファンディングに参加したサポーター名もクレジットされている。

この世界の片隅に

昭和19年2月、18歳のすずは広島から軍港のある呉の北條家に嫁ぐ。戦時下、物資が徐々に不足するなかでも、すずは持ち前の性格で明るく日常を乗り切っていたが、翌年の空襲によって大切なものを失ってしまう。それでもすずは自分の居場所を呉と決め、生きていく。

配給：東京テアトル／公開：2016年11月12日／上映時間：129分／原作：こうの史代／監督・脚本：片渕須直／キャラクターデザイン・作画監督：松原秀典／声優：のん・細谷佳正・小野大輔・尾身美詞・稲葉菜月・潘めぐみ 他

『この世界の片隅に』通常版Blu-ray［Blu-ray］Blu-ray＆DVD発売中
発売元：バンダイナムコアーツ／販売元：バンダイナムコアーツ／価格：本体5,280円（税込）
©こうの史代・双葉社／「この世界の片隅に」製作委員会

63

優しい世界観の成長ストーリーから、大炎上をもたらした『けものフレンズ』

サファリ風動物園ジャパリパークのサーバルは自分の縄張りに現れた迷子を見つける。サーバルは「かばん」と名づけたその女の子と共に、彼女の正体を探す旅を始める。アニマルガール（神秘の物質サンドスターの力で人間の姿になった動物）のサーバルたちが発する「すごーい」「たのしー」に代表されるゆるい会話や、「けものはいても　のけものはいない」「フレンズ（動物）によって得意なこと違うから」といった、動物目線のダイバーシティーで独特の温かみある作風に虜となったファンを生んだのが『けものフレンズ』だった。

その反響はＮＨＫのニュースにも取り上げられ、アニメを観たことで実際の動物園への来訪者が増加しただけでなく、放送終了を惜しむファン（俗にいう「けもフレ難民」）がニコニコ動画で無料公開される第１話に殺到する現象にまでつながり、再生回数は１４６０万回を突破した。

もともとスマホゲーム版からスタートした『けものフレンズ』は、アニメや漫画を含めたメディアミックスプロジェクトだったが、ゲームはアニメスタート前にひっそりと終了。ところがそれほどの期待もなくスタートしたアニメ版が大人気となるという嬉《うれ》しい誤算を生んだ。

ゆる系の台詞が癒やしにつながったり、簡素な作り込みの低クオリティーさが逆に新鮮で共感を呼んだなど、ヒットの理由はさまざまに取り沙汰されたが、ネコ耳のサーバルに見られる動物と少女の組み合わせをはじめ、それぞれの動物を少女に寄せた萌え系のデザインが、「ケモナー」と呼ばれる擬人化した動物キャラクター好きに受け入れられた。また一方で、動物の生態に関する詳しい知識をベースにストーリーが組み立てられていることで、一般の動物好きにも支持された。

本編は２０１７年３月に終了したが、たちまち盛り上がる〝けもフレロス〟ファンたちに応える形で、前作と同じくたつき監督を中心とした第２期制作の情報が駆け巡る。しかし、そこから事態は暗転。監督と制作事務所ヤオヨロズの降板発表からネット上で炎上、制作復帰交渉、最終的降板と二転三転する事態となってしまう。真相は藪《やぶ》の中だが、複数のスポンサーが関わる製作委員会方式の暗部が、図らずも明らかになる後味の悪さだけが残ることとなった。

けものフレンズ

主人公の記憶を持たない少女・かばんとジャパリパークのアニマルガールたちが繰り広げる、友情と冒険を描いた心温まるストーリーが人気を呼んだ。また、作品に登場する動物のうんちくを動物園の飼育員などのスタッフが教えてくれる30秒の解説コーナーが話題となった。

放送局：テレビ東京 他／放送期間：2017年1月11日〜3月29日・全12話／原作：けものフレンズプロジェクト／総監督：吉崎観音（コンセプトデザイン）／シリーズ構成・脚本・監督：たつき／キャラクターデザイン：irodori（モデリング）／作画監督：伊佐佳久／声優：内田彩・尾崎由香・本宮佳奈・小野早稀・佐々木未来・根本流風 他

『けものフレンズ』BD付オフィシャルガイドブック（1）[Blu-ray]＊第1巻〜第6巻発売中
発売元：KADAKAWA　販売元：KADOKAWA／価格：本体 3,850（税込）

64 「ネット流行語大賞」を獲得したハードコア・ギャグアニメ『ポプテピピック』

アニメ史に「クソアニメ」は珍しくないが、突き抜けすぎて2018年度の「ネット流行語大賞」まで獲ってしまった、史上最強の自称くそアニメが『ポプテピピック』だ。

14歳の女子中学生・ポプ子とピピ美のほのぼのした日常を見せる4コマ漫画が原作（大川ぶくぶ）で、竹書房のウェブコミック配信サイト「まんがライフWIN」からブームに火がついた。

そのアナーキーぶりは、比較的なんでもアリと思われがちなギャグ漫画のなかでも飛び切り強烈で、版元の竹書房を「指定暴力団」と揶揄《やゆ》して本社ビルを破壊、コマの囲み枠を破ったり、まるでオチのない展開があったり……ただし一方ではエログロ描写がなく、挟み込まれる暴力シーンもポップでコミカルな絵柄で中和されているなどと、ある種のバランスが取れているのかもしれない。漫画やゲーム、映像作品などのパロディも数多く描かれており、アニメ化にあたって原作の面白さを維持しつつパロディのネタ元から大目玉を食らわないよう絶妙に配慮した点に、制作スタッフの熱意と苦労が垣間見える。

テレビアニメ化を企画プロデュースした須藤孝太郎プロデューサーは、かつてフジテレビで放送されていた『ウゴウゴルーガ』を意識したといい、アニメ制作を担当した神風動画を中心に、多種多様なクリエイターたちが作り上げるバラエティ番組のような作品となった。結果的に、エピソードごとに3DCGやクレイアニメ、フェルト製の人形によるストップモーションなどが使われ、各パートを担当するクリエイターや制作会社によってガラッと雰囲気が変わったのも評判になった。さらに「再放送」と称して、前半と後半でポプ子・ピピ美の声優を変えてほぼ同じエピソードを流すという前代未聞の手法を取り入れたが、これがアニメファン・声優ファンの注目を集めた。そこには往年の名作アニメを連想させるようなコンビをあえて配役。その配置の妙さえ盛り上がる要因の一つとなった。キャスティングには主演級の声優を80人以上も用意し、収録には自由なアドリブも認めたため、声優ごとの個性や演じ分けを聞き比べられるという、他の作品では考えられない楽しみ方が可能となったのは豪華な付録ともいえる。

ポプテピピック

時事ネタや、ブラックユーモア、風刺ギャグ、ナンセンス、スラップスティック、1980年代後半以降のアニメ、ゲーム、ドラマなどを元ネタとするパロディなどなど……数多くのギャグのオンパレードでクオリティーも高く、元ネタを知らない人でも楽しめるように作られている。

放送局：TOKYO MX 他／放送期間：2018年1月～3月・全12話／TVSP：2019年4月1日・全2話／原作：大川ぶくぶ／シリーズディレクター：青木純・梅木葵／声優：【前半】江原正士・大塚芳忠・日笠陽子・佐藤聡美 他【後半】三ツ矢雄二・日高のり子・古川登志夫・千葉繁 他

『ポプテピピック』vol.1［DVD］
発売元：キングレコード／販売元：キングレコード／価格：本体7,480円（税込）
© 大川ぶくぶ／竹書房・キングレコード

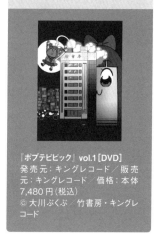

65

日本映画史を塗り替えた『鬼滅の刃』。テレビアニメにあった大ブレークの予感

スマホやパソコンで「きめつ」と打ち込めば「毀滅」（壊して滅ぼすことなどの意味）と変換されたのは今や昔。今日では当然ながら「鬼滅」が現れる。これは『鬼滅の刃』が、新たな日本語を作り上げてしまった好例の一つだ。しかも2020年11月の衆議院予算委員会では菅義偉首相が「『全集中の呼吸』で答弁させていただきます」と「鬼滅」の台詞を使って答弁。その2日後には立憲民主党の辻元清美議員が「私は何も間違えない／私の言うことは絶対だ」（一部略）とボスキャラ・鬼舞辻無惨《きぶつじむざん》の台詞を引用して首相の姿勢を批判するなど、もはや〝鬼滅ブレーク〟は、政界さえも巻き込む影響力を見せた。

大正時代の日本を舞台に、家族を鬼に殺され、ひとり生き残った妹の禰豆子《ねずこ》も同類の鬼に変えられてしまった主人公・竈門炭治郎《かまどたんじろう》が、彼女を人間に戻すため鬼たちを狩る「鬼殺隊」に入隊し、果てのない戦いの日々に身を投じていくという物語だが、吾峠呼世晴《ごとうげこよはる》による原作漫画はシリーズ累計1億5000万部を突破する大ヒット作で、完結巻の発売後も販売数を積み上げている。だが、実のところその人気は連載途中までは控えめなものでしかなかった。当初、主要なキャラを容赦なく敗死させるストーリー展開や残酷とも感じられる作画は万人受けしたとはいえず、凄惨な戦闘

シーンの描写などもあって、読者を選ぶ漫画だったのだ。それを覆したのが、アニメ化だったことは間違いない。その作画は丁寧に作り込まれ、漫画では描き込まれなかった背景をはじめとする細部の描写さえも、視聴者を強く引き込む要因となっていたのである。

放送は、19年4月から9月にかけTOKYO MX他で全26話が公開された。この「竈門炭治郎立志編」が第1期にあたる。制作はufotableで、その秀逸なバトル描写は圧巻だ。もちろん原作漫画の筆致でも十分なほど迫力は伝わってはくるものの、色彩や線画、2Dと3Dを巧みに融合させた映像表現は、まさにアニメの独壇場に他ならず、作品自体の人気をいやが上にも盛り上げた。当然のことのように評価も高く、日本アニメの祭典『東京アニメアワード2020』では「作品賞・テレビ部門」を受賞している。また人気は海外にも広がり、世界最大のアニメ配信プラットフォーム「クランチロール」が主催、ファン投票によって受賞作品が決まる「クランチロール・アニメアワード2020」の最優秀作品賞にあたる「Anime of the Year」に選ばれた。他にも主人公の炭治郎が「最優秀男性キャラクター賞」を獲得するなど、「鬼滅」は全18部門中3部門を制覇。文字通り日本のみならず世界のアニメ界を席巻したのだった。

「鬼滅」がそれだけ多くのファンの心を捉えた要因はいくつか考えられる。しかし、その第一は、敵役である鬼が織りなす切ないストーリーと、鬼殺隊の仲間たちとの絆ではないだろうか。他作品と一線を画すことになった内容の特殊性に、綿密に描かれた各キャラクターの背景への言及がある。それは、敵キャラといえど例外なく、なかでも戦いに敗れた鬼たちが、死に際に垣間見る走馬

評判が評判を呼んだ『劇場版「鬼滅の刃」無限列車編』は、何度でも劇場に通うリピーターが多いことでも話題となった

灯のようなシーンは、どれをとっても心が締めつけられるようなものであり、視聴者をくぎづけにするポイントとなった。また、物語に登場する鬼殺隊の我妻《あがつま》善逸《ぜんいつ》や嘴平《はしびら》伊《い》之《の》助《すけ》、冨岡《とみおか》義《ぎ》勇《ゆう》といった炭治郎をもり立てる主要キャラも大変な人気を博した。

そして「鬼滅」をさらに有名にしたのが、テレビアニメ第1期の続編となる『劇場版「鬼滅の刃」無限列車編』だった。20年10月の上映開始と共に評判が評判を呼び、12月には興行収入325億円に迫った。これはそれまで20年近く興行収入の第1位を保持していた『千と千尋の神隠し』の記録を抜くもので、さらに20年度の公開映画の興行収入でも世界ナンバーワンとなった。実際、北米での公開第2週には全米第1位のヒットとなり、これは日本映画として『劇場版ポケットモンスター ミュウツーの逆襲』以来22年ぶり。もちろん年が変わってもその勢いはとどまることなく、21年半ばの時点で国内興行収入

シネコンの多くのスクリーンが「鬼滅」で埋め尽くされるような事態も、日本全国で当たり前に見られた

は４００億円を突破している。

「無限列車編」で炭治郎は、鬼殺隊最高位の剣士のひとりである炎柱の煉獄杏寿郎《れんごくきょうじゅろう》と共に、列車に潜む鬼と対峙する。その映像は圧倒的な躍動感に尽きる。煉獄の火の呼吸や敵の鬼である上弦の参・猗窩《あか》座《ざ》とのハイスピードバトルはスクリーンを突き破る勢いで観客を包み込んだ。まさにｕｆｏｔａｂｌｅのずば抜けた表現力が発揮される絶好の機会となったのだ。

もちろん「無限列車編」の魅力は映像力だけではない。鬼気迫る剣戟などの熱いアクションと同時に作品に込められた心に訴えかける感動的なドラマ性が、新型コロナという未知の恐怖に鬱屈《うっくつ》としていた人々に高い満足感と充足感を与えることになった。いうなれば、先行きがまったく不透明だった世の中の不安を、少なからずは拭い去る手助けとなってくれたのである。

66 ついに興行収入100億円目前！「コナンシリーズ」24作品の魅力の秘密

シャーロック・ホームズを敬愛し大人顔負けの推理力と洞察力で「日本警察の救世主」とまでいわれた高校生探偵・工藤新一。「黒の組織」の毒薬で小学生の身体に変えられ、身を守るために江戸川コナンと名乗って、元の身体を取り戻すために組織の陰謀を追いつつ数々の事件を解決していく。「名探偵コナンシリーズ」は、原作漫画が『週刊少年サンデー』で史上最長連載記録を更新中で、テレビアニメも放送25年を超える。劇場版アニメも1997年のゴールデンウィークに公開された第1弾『名探偵コナン 時計じかけの摩天楼』以降、毎年同じ時期に公開され（2013年のコラボ作『ルパン三世vs名探偵コナン THE MOVIE』とテレビ版のオムニバス『名探偵コナン 緋色の不在証明』、新型コロナで公開が延長された21年の『名探偵コナン 緋色の弾丸』を除く）、すでに24作を数えている。

同時期に毎年のように公開されるアニメ映画作品のなかでも、『名探偵コナン』はコアなファンを持つことで名高い。シリーズの興行収入から見れば、第1作「時計じかけ」の11億円から第6作目の『名探偵コナン ベイカー街の亡霊』の34億円まで順調に伸ばし、その後、20億～30億円台の踊り場期を経て、11年公開の第15作『名探偵コナン 沈黙の15分』から再び上昇基調に乗り、コロ

興行収入100億円突破を期待された最新作『名探偵コナン 緋色の弾丸』だったが、新型コロナの影響を受け夢は次回作へと持ち越された

ナ以前の第23作『名探偵コナン 紺青の拳』では93・7億円と100億円の大台を確実に捉えるところにまで成長してきた。これは「季節劇場アニメ」（68ページ参照）では圧倒的なトップで、日本の歴代100位には「コナンシリーズ」が3作も入った。

そのベースにあるのは観客層の拡大。「コナン」はすでにファミリー映画の枠を超えたともいえる。劇場版の登場から25年、今やゴールデンウィークの公開を楽しみにするのは、子どもとその親たち、さらに「コナン」で育ってきた世代だ。実は「コナン」にはそれだけの深みが潜んでいる。原作の確固たる世界観と新たな表現への挑戦、縦横無尽に張り巡らされた謎が次々と次回作への布石となり、ますます視聴者を惹きつける。例えば赤井秀一と安室透の新たなキャラクターもその一つだ。結局、コナンが大人の身体を取り戻すまで観客数は伸び続けるのだろうか。

67

四半世紀の謎は明らかになったのか？『シン・エヴァンゲリオン劇場版:||』

『新世紀エヴァンゲリオン』のテレビ放送が開始されたのは、1995年のことだった。そこから実に25年以上の歳月が流れた2021年、まさに四半世紀という時を超えて、この大きな謎に満ちた作品はついに完結する。しかしそこまでの道のりは、本シリーズのストーリーそのものと同じく少しも平坦なものとはいえず、むしろ〝混乱を極めたもの〟のようにも見えた。

事の始まりは、テレビシリーズの『新世紀エヴァンゲリオン』放送終了から10年後のこと、アニメ雑誌『月刊ニュータイプ』の06年10月号で、原作・監督を務めた庵野秀明の個人アニメスタジオ「カラー」が『エヴァンゲリオン新劇場版 REBUILD OF EVANGELION（仮題）』の制作を発表したことだった。しかもこの「新劇場版」は、オリジナルのテレビ版とそこから派生した劇場版を「旧世紀版」と呼称したいという庵野の意向とも絡んで、それまでのストーリーでは明らかにされることのなかった「新たな真実」がついに描かれると予告され、エヴァファンの期待を大きく盛り上げることになった。

当初の予定として、新劇場版は「序・破・Q・:||」全4部構成となっており、「序」を07年初夏、「破」は08年陽春、「Q」と完結編「:||」は同じ08年の初夏に同時公開とされていた。しかしこのス

ケジュールについては、前編である「序」こそわずかに遅れた07年9月となったが、それ以降はいっさい守られることはなかったのである。結果的に「破」が09年6月、「Q」は12年11月、そして完結編の「:||」公開は21年3月と、直前の「Q」からでも8年以上、構想発表時のタイムテーブルからはなんと12年以上も遅れてしまった。度重なる公開延期に、やっと完結編にたどり着いたファンの間からは、「永遠に観られないんじゃないかと思ってた」「もう諦めかけていた」といった声が上がったという。

そのような経緯で07年から公開がスタートした新シリーズ『ヱヴァンゲリヲン劇場版』だが、「序」は、テレビシリーズの第1話から第6話までの流れをたどったもので「リビルド（再構築）」という説明の通りだった。だが、テレビシリーズの絵はただの1枚も使用しておらず、全編にわたって3ＤＣＧやデジタル撮影が使われた。「破」では、既存の物語をベースにしつつも新たなキャラクターや使徒が登場。「Q」以降は、前作から14年後の世界が舞台となり、ここからまったく新たな物語が展開されることになった。

多くのファンを持つ「エヴァ」だけに、新劇場版は興行的にも好成績を収めた。「序」の国内興行収入は20億円、「破」では40億円、「Q」が56億円と記録を伸ばし続けていた。そして完結編と銘打たれた『シン・エヴァンゲリオン劇場版:||』の人気は凄まじく、公開からわずか59日間で興行収入82・8億円を突破。この時点で16年の『シン・ゴジラ』を超えて庵野作品の最高記録を更新し、最終的には１００億円を突破するまでになった。

一部に根強い批判的な意見はあるものの、テレビ版からリアルタイムで「エヴァ」の展開を追い続けてきた視聴者・観客たちの間においては、その評価はおおむね絶賛といっていいものだった。全体的な意見を代表するものとして、哲学者で批評家の東浩紀が本作について、「エヴァはあまりに大きなものを背負わされてきた、そのすべてに応え、四半世紀にわたり伸び切った伏線を回収するのは不可能に近かったが、見事にやってのけている」とコメントしている。「旧エヴァ」放送以後、20世紀末の日本を襲った低成長経済と中間層崩壊など、夢を抱けなくなった時代のなかで、主人公の碇シンジをはじめ、レイ、アスカたち14歳の少年少女と共に大人になっていった者にとっても、感慨に浸る時間だったのではあるまいか。

世紀をまたいで完結した名作『新世紀エヴァンゲリオン』だが、新・旧から見て取れる最大の違いは主人公の描かれ方だ。旧シリーズのシンジは自分の殻に閉じこもり、周りの人々に引っ張られ逡巡しながらそれでも成長していった。しかし新シリーズは違う。みなを導く立場となり、最後には世界を救う役割を自ら選び取る。このようなシンジの内面の大きな成長ともいえる変化が垣間見られるストーリーに、多くのファンは心打たれた。物語は全てのエヴァンゲリオンが破壊されるという展開で終焉を迎える。少年少女たちの14歳から年を取らないという呪縛も解け、世界は救われるのだ。ラストシーンでは場面が変わり、駅のホームでシンジが会話しているシーンで、向かいのホームに成長し大人になった少年少女たちの姿が映し出される。それが現在なのか、未来なのか、はたまたシンジの理想や妄想にすぎないのかは明らかにされぬまま、駅の外の風景をバックにエン

四半世紀の時を経てついに完結した『新世紀エヴァンゲリオン』。最終作の『シン・エヴァンゲリオン劇場版:||』は興行収入100億円を突破した

ディングテーマが流れ「終劇」の二文字と共に幕が降りるのである。

この新劇場版の4部作で庵野が描きたかったテーマがなんだったのかは観客に委ねられる。ただ一つ明らかなのは、シンジが父親のゲンドウとの対話を通して思春期という迷宮から脱して「大人」になったということである。それは、自分を取り巻く世界に対して「落とし前」をつけ、「責任」を持つこと。大人となったシンジには、自分を守っていた殻であるエヴァはもはや不要だ。エヴァパイロットのチルドレンたちもまた同じ救いを得て、誰もが同じ世界に住む「他人」となったというのが最後のシーンなのだろう。

「さらば、全てのエヴァンゲリオン。」。これがシリーズ最終作となった本作のキャッチコピーである。もう庵野が描く「エヴァンゲリオン」を観られないと思うと、残念でならない気もする。

COLUMN

2兆5000億円規模に到達した日本のアニメ市場

2020年末、一般社団法人日本動画協会が19年の日本のアニメの世界市場での市場規模を発表した。その総額は2兆5112億円。これは8年連続の過去最高更新で前年比で15・1％という高い成長率を見せることとなった。09年には1兆2661億円という記録が残っているので、10年間で市場規模は2倍にまで拡大してきたことが分かる。また、同時に公表された国内のアニメ制作会社の売り上げ合算は3017億円で、前年比12・9％の伸びとなった。こちらも初めて3000億円の大台に乗り、09年の1468億円と比較すればやはり倍増したことになる。

ちなみにこの約2兆5000億円という金額は、国内の他の産業を比較するとコロナ不況の前のブライダル産業の約2兆4000億円を抜き、2兆8000億円弱という化粧品業界やパン業界に迫るものとなっている。

急成長を見せる海外展開

最も割合の大きかったのは海外分野で全体の47・8％と、売上高にして1兆2000億円を超えた。前年比119％という伸びだ。これに次ぐのが、全体割合23・1％となった商品化分野、こちらは売上高5813億円で16・2％の伸び。さらに遊興

アニメ産業市場（広義のアニメ市場）の推移

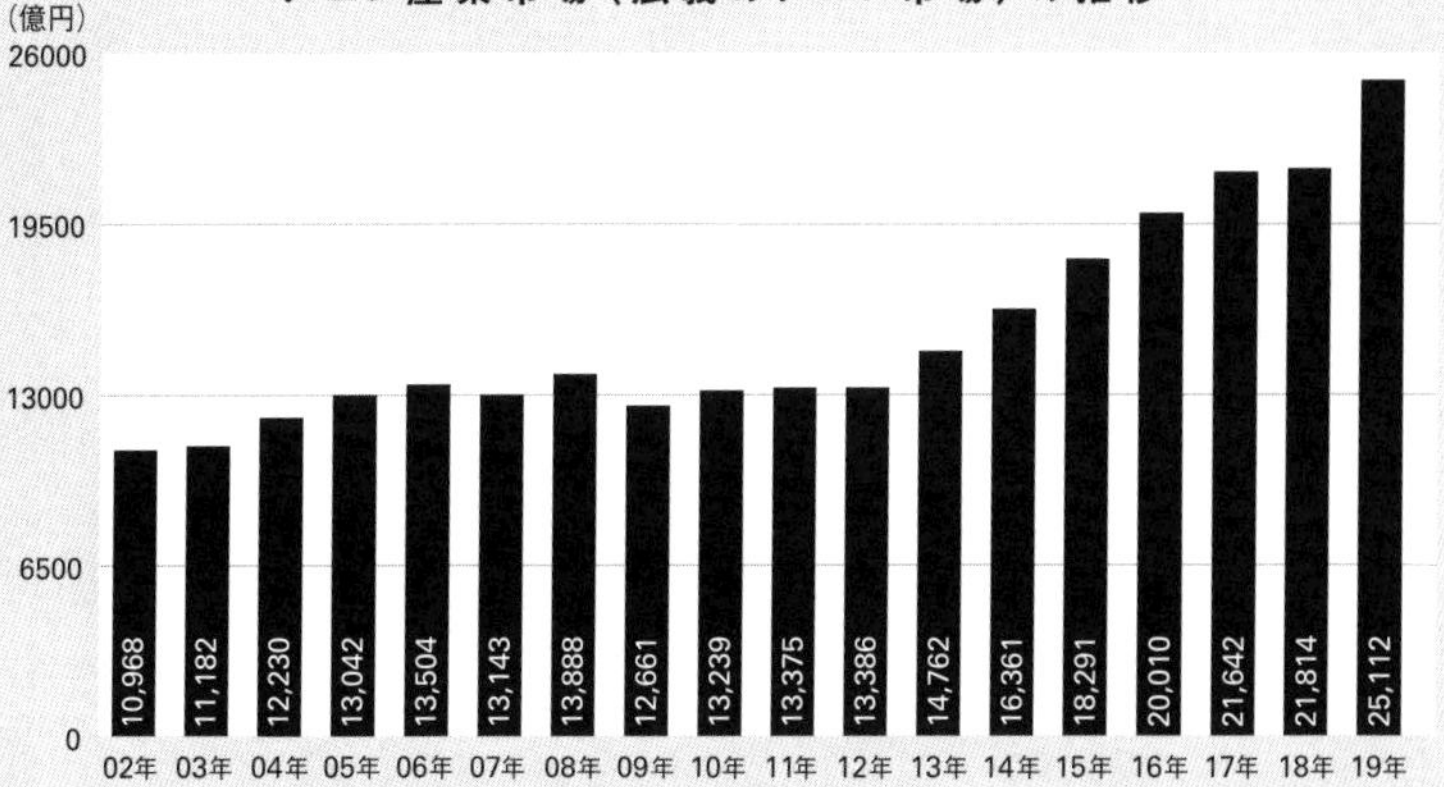

出典：公知の統計ならびに日本動画協会が行っているアンケートに基づき独自算出
※『アニメ産業レポート2020』（一般社団法人日本動画協会）のデータを基に作成

（ゲーム）が全体比12・７％の３１９９億円で12・８％の伸び、テレビの全体比３・９％の９７０億円で84・８％へと減少、ライブの全体比３・４％で８４４億円・９％の伸び、映画の全体比２・８％の６９８億円・62・４％の伸び、配信の全体比２・７％の６８５億円・15・１％の伸び、ビデオの全体比２・２％の５６３億円・95・９％へと減少、音楽は全体比１・３％の３３７億円・94・１％への減少という結果となっている。

この分野別売り上げで注目されるのは、国外での映画上映やゲーム販売などといった「海外展開」が全体の過半に迫る１兆２０００億円超えと巨大なマーケットへの成長を継続している点、そして前年の集計において逆転した配信市場とビデオ市場の売り上げが19年においても変わらず、むしろその差を拡大していることだ。DVDなどのモノからデジタルへの移行が進んでいるなか、Ｎｅｔｆｌｉｘやａｍａｚｏｎプライムといった配信ビジネス利用へと市場傾向が加速していることが予想される。

ポストコロナのアニメ産業

10年間で市場規模倍増という成長産業となっているアニメビジネス。とはいえ不安要素も多い。

まず、世界を巻き込んで、20年、21年、あるいはその後も継続するかもしれないコロナ禍の状況だ。リアルな部分、コンサートやライブが壊滅状態だった20年の人流物流大混乱の影響がどのような形ででてくるか。ただし、これは伸び盛りの配信ビジネスなどデジタル分野に対しては、逆に強力な追い風になる可能性も否めない。動画配信サービスとの関連でいえば、最大市場である海外市場の拡大を妨げるような条件が見当たらないこともプラスの予想へとつながる要素と考えられる。

そして映画部門では『劇場版「鬼滅の刃」無限列車編』など、従来の記録を更新する大ヒット作が登場した。さらに人的な接触制限が強化されることで大きな影響を受けた実写版の映画制作と比してアニメ映画はまだ影響が少ないという条件もある。またスマートフォンの普及と、導入された5G環境の整備によって動画広告市場にアニメが必要とされる環境も整いつつある。

世界的なパンデミックによって地球規模での経済滞留が発生した20年。しかし下りきれば上るしかないのも事実。潜在力豊富なアニメ産業に活躍を予見させる要素は尽きない。

主要参考文献・資料

『日本アニメ誕生』豊田有恒　勉誠出版
『日本のアニメ全史』山口康男　テンブックス
『日本TVアニメーション大全』世界文化社
『Ani-mageアニメポケットデータ2000』リスト制作委員会編　徳間書店
『アニメの社会学―アニメファンとアニメ制作者たちの文化産業論』永田大輔・松永伸太朗編著　ナカニシヤ出版
『天才の思考 高畑勲と宮崎駿』鈴木敏夫　文春新書
『平成最後のアニメ論 教養としての10年代アニメ』町口哲生　ポプラ新書
『アニメと声優のメディア史』石田美紀　青弓社
『アニメーターはどう働いているのか』松永伸太朗　ナカニシヤ出版
『日本のアニメーションを築いた人々』叶精二　若草書房
『作画汗まみれ』大塚康生　文春ジブリ文庫
『「ポスト宮崎駿」論 日本アニメの天才たち』長山靖生　新潮新書
『ぼくらがアニメを見る理由 2010年代アニメ時評』藤津亮太　フィルムアート社
『ガンダムと日本人』多根清史　文藝新書
『現代アニメ「超」講義』石岡良治　PLANETS／第二次惑星開発委員会
『ユリイカ 2016年9月臨時増刊号 総特集 アイドルアニメ』青土社
『芸術新潮 2017年9月号 特集 日本アニメベスト10』新潮社
『BRUTUS 2019年3月15日号 NO．888 特集 WE♥平成アニメ』マガジンハウス
『美術手帖 2020年2月号 特集 アニメーションの創造力』美術出版社

アニメの旅人（あにめのたびびと）

（安東丸雄・伊藤裕子・岩崎真実・大木不二・大坪優太・神田法子）
アニメ好きの編集者、ライターたちで発足した同友会。「クール・ジャパン」最良コンテンツの一つとなった、日本のアニメとその文化。しかし半世紀ほど前、その黎明期に今日のこの状況を誰が想像し得ただろう。ニッポンアニメへ捧げたこのささやかな歴史オマージュは、当時から今日に至る膨大なアニメ作品に、あるときは熱中し、勇気づけられ、また涙した旅人たちの手によってまとめ上げられた。

Sairyusha

すべてがわかる
日本《にっぽん》アニメ史《し》入門《にゅうもん》　1956-2021

二〇二一年九月二十二日　初版第一刷

編著者　アニメの旅人
発行者　河野和憲
発行所　株式会社　彩流社
〒101-0051
東京都千代田区神田神保町3-10 大行ビル6階
TEL：03-3234-5931
FAX：03-3234-5932
E-mail：sairyusha@sairyusha.co.jp

装幀・本文デザイン　ベルソグラフィック（吉崎広明）
編集　オフィス三銃士（佐藤篁之・酒井くるみ）
企画・構成　山崎三郎
印刷　明和印刷（株）
製本　（株）村上製本所

本書は日本出版著作権協会（JPCA）が委託管理する著作物です。
複写（コピー）・複製、その他著作物の利用については、
事前にJPCA（電話：03-3812-9424 E-mail：info@jpca.jp.net）の許諾を得て下さい。
なお、無断でのコピー・スキャン・デジタル化等の複製は
著作権法上での例外を除き、著作権法違反となります。

©anime no tabibito,Printed in Japan,2021

ISBN978-4-7791-2776-2 C0095
https://www.sairyusha.co.jp